W0349163

Alfons Goppel

kleine bayerische biografien

herausgegeben von
Thomas Götz

STEFAN MÄRZ

Alfons Goppel

Landesvater zwischen Tradition und Moderne

Verlag Friedrich Pustet
Regensburg

kleine bayerische biografien

Biografien machen Vergangenheit lebendig: Keine andere literarische Gattung verbindet so anschaulich den Menschen mit seiner Zeit, das Besondere mit dem Allgemeinen, das Bedingte mit dem Bedingendem. So ist Lesen Lernen und Vergnügen zugleich.
Dafür sind gut 100 Seiten genug – also ein Wochenende, eine längere Bahnfahrt, zwei Nachmittage im Café. Wobei klein nicht leichtgewichtig heißt: Die Autoren sind Fachleute, die wissenschaftlich Fundiertes auch für den verständlich machen, der zwar allgemein interessiert, aber nicht speziell vorgebildet ist.
Bayern ist von nahezu einzigartiger Vielfalt: Seinen großen Geschichtslandschaften Altbayern, Franken und Schwaben eignen unverwechselbares Profil und historische Tiefenschärfe. Sie prägten ihre Menschen – und wurden geprägt durch die Männer und Frauen, um die es hier geht: Herrscher und Gelehrte, Politiker und Künstler, Geistliche und Unternehmer – und andere mehr.
Das wollen die KLEINEN BAYERISCHEN BIOGRAFIEN: Bekannte Personen neu beleuchten, die unbekannten (wieder) entdecken – und alle zur Diskussion um eine zeitgemäße regionale Identität im Jahrhundert fortschreitender Globalisierung stellen. Eine Aufgabe mit Zukunft.

DR. THOMAS GÖTZ, Herausgeber der Buchreihe, geboren 1965, lehrt Neuere und Neueste Geschichte an der Universität Regensburg. Veröffentlichungen zu Stadt und Bürgertum in der Neuzeit.

Inhalt

Zum Geleit

Wir, die Großfamilie Goppel, inzwischen weit verstreut, sind uns einig: 25 Jahre ohne Alfons und Gertrud Goppel sind ein guter Anlass, das besondere Paar in unserer in jeder Hinsicht bunten Verwandtschaft zu würdigen. Wir haben uns das für 2016, für den 111.Geburtstag unseres Vaters und gleichzeitig seinen 25. Todestag, vorgenommen. Da kommt uns gelegen, dass der Pustet-Verlag zum gleichen Zeitpunkt einen persönlichen und zeitgeschichtlichen Nachruf für unser Familienoberhaupt plant. Der Dank für seinen uns allen bisher unbekannten Blickwinkel auf die Person des Regensburgers Alfons Goppel wird unser Bild von ihm mit Gertrud, seiner Frau, unserer Mutter, nicht ändern, wenn auch vielleicht da oder dort etwas anders »ausleuchten«. Auch darauf freuen wir uns. Auf das Erscheinen des Büchleins sind wir gespannt, auch auf die, die zwar inzwischen weniger geworden sind, die die Eltern und ihr Dasein aber kannten, einzuschätzen wussten und beide, am neuen Leitfaden von Dr. März orientiert, jetzt kommentieren. Das macht ein gutes Bild ja aus: Ecken, Kanten, Nuancen und verschiedene Sichten zu einem Menschen kommen zur Geltung, bestätigen Bekanntes oder stimmen nachdenklich, setzen Fragezeichen. Wie auch immer: Sie schaffen in hektischer Zeit aller Flüchtigkeit zum Trotz Nachdenklichkeit, neue Erkenntnis, auch Neugier und Sehnsucht, doch noch etwas mehr zu erfahren. Deshalb gibt es Bücher: Fundgruben für »Schatzsucher«. Wunderbar, im Falle des Vaters dazugehören zu dürfen.

Genug schwadroniert – zur Sache: Einer wie ich zum Beispiel hat den Alfons Goppel – im Gegensatz zu den drei (vier) älteren Brüdern – weniger aus seiner kommunalpolitischen Zeit als mehrfach durchgefallenen Bürgermeister und Landrat in Erinnerung. Nichtsdestotrotz versuche ich bis heute, seinen Arbeitsstil der Nachkriegszeit von damals bis heute auf mich selbst, jetzt auch schon seit 42 Jahren, zu übertragen. Jeden und alles ernst nehmen, für aktuelle Not da sein und – seinem Jura-Studium zum Trotz – im ersten Anlauf nicht dem Gesetz oder der Bürokratie, sondern dem Bürger glauben. Das stockte zwar seine Arbeitszeit enorm auf, reduzierte uns die Familienzeit und steigerte die Zahl der Einsätze, auch der kaum Erfolg verheißenden. Ein ganzes politisches Leben lang verschaffte ihm das aber auch die Zuneigung der einfachen Bayern (Oberpfälzer und Franken besonders). »Landesvater« tauften ihn die Landsleute. Und behalten ihn bis heute so in Erinnerung, samt seinem liebevollen Titel. Kopiert oft, erreicht nie. So darf das Sohnesstolz schon formulieren, oder?

Die Zeit, die mir herausragend im Gedächtnis ist, beginnt in etwa mit Vaters 50. Geburtstag, seiner Aufstiegszeit in Landtag und Kabinett, dem Höhenflug ins und im höchsten Staatsamt. Beides, Amt und Aufgabe, meisterte er mit seiner Frau, unserer (Landes-)Mutter, von 1962/78 in glücklicher Zeit, sorgte für unverwechselbaren Stil. Zu meinen besonderen Erinnerungen gehört auch der überraschende Ruf der CSU nach einem Ministerpräsidenten Alfons Goppel, einem, der – so war es gedacht – eigentlich ganz schnell von FJS abgelöst werden sollte. 16 Jahre blieb er im Amt, bis ihn die längst präsenten Nachrücker mit Otto von Habsburg und Heinrich Aigner als amtlich/bayerischen Starteuropäer nach Straßburg und Brüssel weglobten. Auch an den Rotkreuzpräsidenten Alfons Goppel erinnere ich mich gut; die Front der Hauptamtlichen tüftelte lang daran, ihn »heim« zu schicken. Seiner bis heute nicht erklärten Verabschiedung folgte noch ein letzter großer Kraftakt: Mutter, das Zentrum der Familie, musste verabschiedet sein. Die folgenden eineinhalb Jahre wurden dem ans Alleinsein gar nicht Gewohnten lang trotz der Gewissheit, dass das Adieu, aus tiefer Gläubigkeit gesprochen, ein festes Ziel hat. Vieles bleibt im Gedächtnis.

Obwohl gerade mal 1,74 m groß, war Alfons, unser Vater, in all den Jahren seines Schaffens (nach dem aktiv durchlebten Zweiten Weltkrieg immerhin noch fast 40 Aufbaueinheiten) ein wirklich Großer. Andere, die ihn mit der Feststellung zu hänseln suchten, dass all seine Söhne, Sprösslinge einer relativ satten Nachkriegsgeneration, größer geworden seien als er, korrigierte er lächelnd, aber kurz und bündig: »länger vielleicht.« Dass er Recht behalten hat, obwohl wir in der kleinen

Alfons- und der großen Goppel-Familie alle erfreulich erfolgreich sein durften, wird im Buch von Stefan März nur indirekt stehen, aber am Ende nicht anders als so gedeutet sein können: Wirklich »groß« ist mehr als lang.

Wir alle sind dankbar, dass wir ihn hatten, weil wir ihn haben, den Alfons Goppel, der so einmalig war, wie er uns Bayern hat erfahren lassen, groß auch und faszinierend! »Leben und leben lassen«, das war seine Devise, für die er lebte und bis heute lebendig ist. Quittiert hat er die Höhen und Tiefen seiner 86 Lebensjahre mit der Bayern eigenen Dankesformel: Vergelt's Gott! Für sein Leben, das der Eltern, sagen wir es in gleicher Weise und tief überzeugt.

Dr. Thomas Goppel,
MdL, Bayerischer Staatsminister a. D.
(für die Familie)

Vorwort

Sechzehn Jahre lang stand Alfons Goppel als Ministerpräsident an der Spitze Bayerns und prägte damit eine Ära. Anfangs unterschätzt, später von der Bevölkerung als *»Landesvater«* verehrt, versuchte er zeitlebens, gleichermaßen zukunftsweisende wie wertegebundene Politik für den Freistaat und dessen Bürgerinnen und Bürger durchzusetzen. Bayern erlebte in seiner Regierungszeit von 1962 bis 1978 einen tiefgreifenden Wandel vom wirtschaftsschwachen Agrarstaat hin zum modernen Industrie-, Wissenschafts- und Hochtechnologiestandort. Diese Entwicklung unterstützte der durch den katholischen Humanismus geprägte Regierungschef nachhaltig.

Alfons Goppels wechselhafte Biografie ist geradezu spiegelbildlich für die epochalen Umbrüche des 20. Jahrhunderts, die auch seine bayerische Heimat prägten. Aufgewachsen in bescheidenen Verhältnissen, erlebte er als Schüler, Student und junger Anwalt den Ersten Weltkrieg, das Scheitern der Weimarer Republik sowie die Schrecken der nationalsozialistischen Herrschaft. Erst nach enttäuschenden Erfahrungen und gescheiterten politischen Kandidaturen in der Nachkriegszeit trat er schließlich doch noch ins Rampenlicht der Landespolitik. Ab 1954 saß er für den unterfränkischen Stimmkreis Aschaffenburg im Landtag, wurde bereits 1957 überraschend zum Staatssekretär im Justizministerium berufen und übernahm 1958 das bayerische Innenministerium. Dass der gebürtige Oberpfälzer im Jahr 1962 in das höchste bayerische Staatsamt gewählt wurde, überraschte seinerzeit viele Beobachter.

Heimatbewusst, weltoffen und fest im christlichen Glauben verwurzelt, verkörperte Goppel einen zutiefst menschlichen und geradezu barocken *»Landesvater«* – ein Begriff, der zwar dem monarchischen Erbe entsprungen war, aber wie für ihn erfunden schien. Der Mensch stand für den Modernisierer Goppel stets im Mittelpunkt aller staatlichen Tätigkeit, wie er bereits bei seiner ersten Regierungserklärung im Dezember 1962 betonte: *»Er soll sich in unserem Freistaat Bayern so entfalten können, wie es der durch Religion, Moral und Sitte gebändigten* *menschlichen Natur entspricht. Er soll der Würde gemäß leben können, die ihm mit den Gaben des Geistes und mit seiner unsterblichen Seele verliehen ist.«*

Als bayerischer Ministerpräsident maß Goppel der Repräsentation sowie der Presse- und Öffentlichkeitsarbeit weit größeren Wert bei als seine Vorgänger. Sein Image als *»Landesvater«*, der dem Anschein nach über den Parteien stand, sowie seine integrative und bürgernahe Amtsführung hatten großen Anteil an den spektakulären Wahlerfolgen seiner Partei. Mit ihm als Spitzenkandidat errang die CSU bereits im Jahr 1962 47,5 % der Stimmen – die absolute Mehrheit im Landtag. Nach zwölf Jahren Amtszeit als Ministerpräsident kulminierte das Wahlergebnis seiner Partei im Jahr 1974 mit nie dagewesenen 62,1 %. Keinem seiner Amtsnachfolger – auch nicht Strauß oder Stoiber – sollte in späteren Jahren ein derart eindrucksvoller Wahlerfolg gelingen.

In Goppels Kabinetten saßen stets eigenständige und ideenreiche Minister, die – wie verfassungsmäßig ja auch so vorgesehen – *»selbständig und unter eigener Verantwortung gegenüber dem Landtag«* ihre Konzepte vertraten. Als Ministerpräsident agierte er daher mehr als Moderator denn als Richtliniengeber – und dies mit großer Wirkung: Seine Regierung erneuerte im Rahmen der kommunalen Gebietsreform nicht nur die staatliche Verwaltung Bayerns, sondern brachte auch zahlreiche soziale, bildungspolitische und kulturelle Projekte auf den Weg. Bundespolitisch stellte er sich als föderalistischer Mahner in die Tradition seiner Amtsvorgänger.

Goppel ebnete zielstrebig den Weg Bayerns in die Moderne, weshalb sich diese Biografie ihrem Protagonisten auch über das Panorama der bewegten Zeiten nähert, in denen dieser politisch verantwortlich agierte und die er maßgeblich mitgestaltete. Neben der Eröffnung des Raffineriezentrums Ingolstadt und dem Bau des Kernkraftwerks Gundremmingen setzte sich der Ministerpräsident – wenngleich letztendlich vergeblich – für die Errichtung des Protonengroßbeschleunigers CERN im Ebersberger Forst ein. Er verfiel jedoch nicht blind der Technologiegläubigkeit seiner Zeit. So umfasst sein politisches Vermächtnis neben der Zukunftsorientierung stets auch die Bewahrung von Traditionen und des kulturellen Erbes. Fünf Landesuniversitäten wurden während seiner Regierungszeit gegründet, das Münchner Nationaltheater und weitere Schauspielhäuser mit hohem Kostenaufwand wiederaufgebaut. Seine konservativen und innovativen Bestrebungen verbanden sich besonders harmonisch in der Schaffung des ersten Ministeriums für Landesentwicklung und Umweltfragen.

Zweieinhalb Jahrzehnte nach dem Tod des bayerischen Landtagsabgeordneten, Staatssekretärs, Innenministers, Ministerpräsidenten und Europaabgeordneten Goppel hat es fast den Anschein, als sei dieser als politischer Akteur einer längst vergangenen Zeit in Vergessenheit geraten. Während man seinen Nachfolger im Amt des Ministerpräsidenten, den zehn Jahre jüngeren Franz Josef Strauß, posthum (im Positiven wie im Negativen) zu einem politischen Mythos verklärte, wurde es still um Goppel. Dabei prägte dessen Wirken die bayerische Nachkriegsgeschichte mindestens ebenso sehr. Das Gelingen des Wiederaufbaus und die kontinuierliche Modernisierung des Freistaats nach dem Zweiten Weltkrieg sind untrennbar mit seinem Namen verknüpft. Zahlreiche politische Richtungsentscheidungen, die noch heute nachwirken, fallen direkt auf seine Persönlichkeit, seine politische Überzeugung und sein Handeln zurück. Die historische Forschung würdigte ihn dennoch bislang nur geringfügig: Neben der grundlegenden wissenschaftlichen Arbeit von Claudia Friemberger, die seinen Weg vom Kommunalpolitiker zum Ministerpräsidenten quellengesättigt nachzeichnet, sind vor allem die Fachbeiträge von Karl-Ulrich Gelberg und Wolfgang Zorn sowie die *»Biografischen Notizen«* von Stefanie Siebers-Gfaller hervorzuheben. Sie bilden das solide Fundament für die vorliegende Biografie. Alfons Goppels wechselhafter Lebensweg sowie sein politisches Vermächtnis sind ausdrücklich der historischen (Wieder-)entdeckung durch eine breite Leserschaft wert – wozu dieses Buch seinen Teil beitragen möge.

Stefan März, im Juli 2016

1 Herkunft und geistige Heimat

»Wir wollen als so genannte Humanisten nicht überheblich werden, [...] wir glauben nur, das Reifwerden für die eigentliche Wissenschaft und für die Führungsaufgaben in der Gesellschaft könne vielleicht besser jenseits eines unmittelbaren Nützlichkeitsdenkens vollzogen werden.«

Alfons Goppel

ROAHAUSERER SAN MA, LASST MA UNS NIX SAG'N

Alfons Goppel erblickte am 1. Oktober 1905 im beschaulichen Dorf Reinhausen, einem heutigen Bezirk der Stadt Regensburg, das Licht der Welt. Seine Eltern waren die seit 1900 verheirateten Zimmerleute Barbara und Ludwig Goppel – sie eine gebürtige Oberpfälzerin, er ein gebürtiger Schwabe. Alfons sollte das vierte von insgesamt neun Kindern sein, die das katholische Ehepaar zwischen 1901 und 1915 bekam – sechs Mädchen und drei Jungen. Vater Ludwig war in Reinhausen zunächst als Bäcker tätig, verdiente den spärlichen Familienunterhalt später als Fabrikarbeiter, christlicher Gewerkschaftssekretär und schließlich als Kreisgeschäftsführer des bayerischen Kriegerbundes. Die von der streng katholischen Großfamilie gelebten Werte sollten Alfons Goppel nachhaltig prägen. Die biografischen Wurzeln des späteren bayerischen Ministerpräsidenten ähneln in vielerlei Hinsicht jenen anderer konservativer Politiker seiner Generation. Etliche maßgebliche Akteure der Nachkriegs- und Wiederaufbauzeit nach 1945 stammten aus einfachen Verhältnissen, was sich nachhaltig auf deren politische Grundhaltung auswirkte.

Die Epoche, in die Alfons Goppel hineingeboren wurde, war gleichermaßen ein Zeitalter des Aufbruchs und eine Endzeit. Zu Beginn des 20. Jahrhunderts zeichnete sich Bayern, das seit 1871 ein teilsouveräner Bundesstaat des Deutschen Reiches war, durch einen konstitutionell-parlamentarisch-repräsentativen Mischcharakter aus. Das Königreich verfügte ab 1906 über ein modernes Wahlrecht und wies erhebliche kommunale

Handlungsmöglichkeiten sowie eine beachtliche Reformmentalität auf. Der Glanz vieler Friedensjahre, eines kräftigen wirtschaftlichen Aufschwungs, revolutionärer technischer und wissenschaftlicher Neuerungen sowie einer ungeahnten kulturellen Blüte überlagerte sich mit einem tiefgreifenden Wandel gesellschaftlicher, politischer und sozialer Strukturen. Der eklatante Bevölkerungsanstieg, die zunehmende Verstädterung und der beginnende Übergang vom Agrar- zum Industriestaat riefen zahlreiche soziale Probleme hervor. Steigende Bildungs- und Lebensstandards, eine meinungsfreudige Medienlandschaft, selbstbewusste Parteien sowie ein rasanter Wertewandel verstärkten den Wunsch nach mehr politischer Mitbestimmung.

Das am nördlichen Rand Regensburgs gelegene Reinhausen war von diesen Entwicklungen nicht ausgenommen. Das Erscheinungsbild des ursprünglich von Winzern, Fischern und Flößern bewohnten Orts war von kleinen Schopfwalmgiebelhäusern geprägt, die sich entlang des Regenufers aneinander reihten. Das ländliche Dorf wandelte sich in Goppels Kindheit und Jugend jedoch allmählich zu einer Vorstadt mit gemischter Bevölkerungsstruktur, was durch den Bau von Durchfahrtsstraßen, neuen Wohngebieten und Arbeitersiedlungen beschleunigt wurde. Ins Licht der Geschichte dieser *»neuen Zeit«* war der Ort im Jahr 1892 getreten, als dort auf Initiative Georg von Vollmars auf einem Parteitag die bayerische SPD gegründet wurde.

Die Familie Goppel lebte in bescheidenen Verhältnissen. Der Familienvater Ludwig Goppel hatte versucht, im Ort als Bäcker Fuß zu fassen. Sein Geschäft in der Donaustaufer Straße ging jedoch nicht sonderlich gut, weswegen er sich bald nach einer anderen Verdienstmöglichkeit sowie einer neuen Wohnung für die Familie umsehen musste. Die Kinder hatten ebenfalls nach Kräften zum Haushalt beizutragen: Beim Ährenlesen auf abgemähten Getreidefeldern holte sich der junge Alfons aufgrund der scharfen Stoppeln regelmäßig blutige Zehen. Die kinderreiche Familie hatte es in Reinhausen mitunter auch aus anderen Gründen schwer: Beinahe jedes Mal, wenn wieder Nachwuchs ins Haus stand, wurde den Goppels die

Familienporträt von Ludwig und Barbara Goppel mit ihren neun Kindern, um 1918; Alfons steht rechts neben seinem Vater

Wohnung gekündigt. Innerhalb von 15 Jahren kam es somit zu sieben Umzügen, selbst in der Zeit, als der Vater als Soldat im Ersten Weltkrieg diente. Die endgültige Bleibe der Familie sollte nach dem Krieg ein Reihenhäuschen der Baugenossenschaft Stadtamhof werden, das sogar über einen kleinen Garten verfügte.

Alfons Goppel beschrieb seine Kindheit rückblickend als glücklich und befand, er sei in einer fröhlichen Familie aufgewachsen. Noch Jahrzehnte später assoziierte er mit seinen Kindertagen eine Abfolge unbeschwerter Sommer, behaglicher Adventabende und feierlicher Weihnachtstage, an denen sich die zahlreichen Geschwister über die kleinen Präsente der Eltern freuten. Das Aufwachsen im stark ländlich geprägten Reinhausen, das von Feldern, Wiesen und Gärten umgeben war, bot für die umtriebigen Geschwister etliche Abenteuer, etwa auf »*moosüberwachsenen Floßstämmen am Holzgartenufer*« oder bei den »*brüchigen Eisschollen auf dem winterlichen Fluss*«.

Goppel schrieb über seine prägenden Jugendjahre: »*Wir hatten ja noch so viel mehr Freiheiten […].*«

Um das Jahr 1920 war Reinhausen mit etwa 5000 Einwohnern das größte Dorf der Oberpfalz, bis es 1924 – zusammen mit anderen nördlichen Vororten Regensburgs – als Bezirk in die Stadt eingegliedert wurde, die durch diese Eingemeindungen zur fünftgrößten Bayerns wuchs. Die neuen Stadtbezirke profitierten von höheren Sozialleistungen und erheblichen Investitionen in die Infrastruktur, vor allem in den Bereichen der Verkehrswege, des Schulwesens sowie der Wasserver- und -entsorgung. Das trotzig-stolze Reinhausener Heimatlied des ehemaligen Religionslehrers von Alfons Goppel beginnt mit den Worten »*Roahauserer san ma, lasst ma uns nix sag'n*« und widmete der Eingemeindung folgende Zeilen: »*Rengnschburg steht scho 1000 Joar / und is allweil vorn / aber Großstadt is halt erst / durch Roahausn worn.*«

Zwar gingen infolge der Eingemeindung lokale Überlieferungen verloren oder gliederten sich in eine größere Regensburger Tradition ein, die Identität Reinhausens blieb jedoch so stark, dass im Jahr 1958 die 950-Jahr-Feier des ehemaligen Dorfes begangen wurde. Goppel, der inzwischen bereits bayerischer Innenminister war, hielt zu diesem Anlass eine Festansprache mit dem Titel »*Heimat, Mitte des Lebens*«. Seiner engeren Heimat blieb er zeitlebens eng verbunden, wenngleich ihn Studium und Beruf von dort wegführen sollten und der Regierungsbezirk Unterfranken später für lange Zeit zu seiner politischen Heimat wurde.

SCHULJAHRE IN AUFGEWÜHLTEN ZEITEN

Als der Erste Weltkrieg im Sommer 1914 ausbrach, war Alfons Goppel noch nicht einmal neun Jahre alt, erlebte diese Zeit als Kind und Jugendlicher an der Heimatfront aber bewusst. Hunderttausende junge Männer waren an die Front geschickt worden – darunter auch Vater Ludwig – und fehlten der heimischen Landwirtschaft. Da Reinhausen am Rande der Stadt lag, wuchs Alfons zwar auf dem Land auf, besuchte aber ab 1911 die Volksschule in Regensburg und schließlich das dortige humanistische Gymnasium. Der Krieg beeinträchtigte auch den Schulbetrieb am traditionsreichen *Königlichen Alten Gymnasium* erheblich; so befanden sich im Jahr 1918 vier Lehrer und 88 Schüler im Kriegsdienst. Zudem wurde während der Sommermonate ein Teil der Schüler zum landwirtschaftlichen Hilfsdienst verpflichtet. Schließlich musste das Schulgebäude sogar für die Militärbehörde geräumt werden; der Unterricht fand vorübergehend in den Räumen der Kreisoberrealschule statt.

Die anfängliche patriotische Begeisterung der bayerischen Bevölkerung verflog rasch. Die Fronten in Frankreich und Russland erstarrten im Stellungskrieg und ein Ende war auch nach Monaten nicht in Sicht. Zunehmend wurde die Versorgungslage der Zivilbevölkerung in der Heimat prekärer. Knapp 200 000 bayerische Landeskinder bezahlten ihren Militärdienst schließlich mit dem Leben, über 430 000 weitere wurden verwundet. Später schrieb Goppel, während des Krieges seien er und seine Altersgenossen *»in die Erregung und Trauer der Großen einbezogen [worden], wenn es um Verlustlisten ging und ums Sammeln von notwendigen Ersatzgegenständen«.*

Die Stimmung in der Heimat schlug im Verlauf der viereinhalb Kriegsjahre dramatisch um und führte zu Streiks und Unruhen. Im November 1918 stürzte die Monarchie schließlich in der Revolution. Der 13-jährige Alfons erlebte von Reinhausen aus, wie sich der nun republikanisch verfasste Freistaat Bayern nach den Monaten politischer Unruhen, blutiger Straßenkämpfe, Revolutionen und Gegenrevolutionen bis Mitte 1919 endlich konsolidierte. Hatten die bayerischen Föderalisten zunächst gehofft, die Rechte der Einzelstaaten in der ersten deutschen Demokratie – der so genannten *»Weimarer Republik«* – zu stärken, so zeigten die Verhandlungen um die Reichsverfassung, dass nicht einmal der bisherige Besitzstand gehalten werden konnte.

Goppel wurde in dieser aufgeladenen Atmosphäre auch durch das lokale öffentliche Engagement seines Elternhauses für gesellschaftspolitische Fragen sensibilisiert. Für seinen Vater bot sich durch eine Parteineugründung eine politische Heimat: Im November 1918 hatte sich in Regensburg die föderalistisch orientierte, christlich-konservative Bayerische Volkspartei (BVP) vom Zentrum abgespalten. Ludwig Goppel war in der Folgezeit unter anderem als Fraktionsvorsitzender der BVP in Reinhausen und später als Stadtrat in Regensburg tätig. Er prägte seine Heimatgemeinde, zusammen mit anderen, in den Worten seines Sohnes Alfons *»in Originalität, Humor, Saftigkeit, in Würde und Aufopferung«*. Die Familie empfand sich aufgrund ihrer katholisch-religiösen Milieuzugehörigkeit sowie ihrer politischen Affinität zur spezifisch bayerisch-föderalistischen – zuweilen separatistischen – BVP als tief in ihrer bayerischen Heimat verwurzelt.

Trotz der widrigen Umstände während seiner Schulzeit zählte Goppel zu den Besten seines Jahrgangs. Von den 102 Schülern, die mit ihm zusammen in das Gymnasium eintraten, erreichten nach neun Jahren lediglich 15 die Abschlussklasse. 1925 erlangte Goppel die Hochschulreife. Das Abschlusszeugnis konstatierte *»geistige Reife, Vertrautheit mit der Literatur und sein Verständnis für die dramatische Dichtung«*, zudem große Gewandtheit im mündlichen Ausdruck sowie ein sicheres Urteil. Seine Wahlfächer waren Hebräisch, Italienisch, Englisch, Stenografie und Musik. Dem 19-jährigen Gymnasialabsolventen wurde schließlich die Ehre zuteil, anlässlich der Abschiedsfeier für die Abiturienten seines Jahrgangs zu sprechen. Seine Ansprache leitete er mit den Worten *»Wie Wasser ist unser Leben, wie Wellen werfend Wasser«* ein.

Seiner humanistischen Gymnasialzeit verdankte Alfons Goppel in seinen eigenen Worten *»seine eigentliche Formung«*. Zeitlebens hob er hervor, er sei von seinen Lehrern zum Dienst am Mitmenschen erzogen worden und nichts tue mehr Not als die Bereitschaft zum Dienen und die Solidarität mit den Schwachen. Anlässlich der Einweihung des Neubaus seines Gymnasiums im Jahr 1965 brachte er, inzwischen bayerischer Ministerpräsident, seine persönliche Überzeugung vom Auftrag der Schule in der modernen Gesellschaft zum Ausdruck: *»Jede Schule muss mit ihrem Stoff und mit der Erprobung an ihm den jungen Menschen dazu bringen, mit sich, seiner Umgebung, seiner und deren Zukunft und Gestaltung fertig zu werden. Dazu* *braucht er immer und überall Aufgeschlossenheit und Fleiß, Unverdrossenheit und Hingabe, fragendes Staunen ebenso wie erschütterndes Begreifen. [...] Wir wollen als so genannte Humanisten nicht überheblich werden, wir wissen um die Bildungs- und Formkraft jedes Bildungsstoffes, wir glauben nur, das Reifwerden für die eigentliche Wissenschaft und für die Führungsaufgaben in der Gesellschaft könne vielleicht besser jenseits eines unmittelbaren Nützlichkeitsdenkens vollzogen werden.«*

Den Jugendlichen faszinierte zudem die Schauspielerei – für die Nachbarskinder schrieb und inszenierte er eigene Theaterstücke und Puppenspiele und seine kleine Schwester musste sich von ihm gelegentlich Schillers Balladen vortragen lassen. Goppel hatte sich zur Zeit seines Abiturs sogar an den Intendanten des Regensburger Stadttheaters gewandt, der ihm jedoch geringe Aussichten auf eine professionelle Schauspielkarriere bescheinigte. Seine Bühnenleidenschaft lebte er dennoch jahrelang weiter aus, indem er für die Theatertruppe seiner Regensburger Pfarrgemeinde auftrat. Als Politiker förderte er die Bühnenkunst nachhaltig, so setzte er sich etwa für den Wiederaufbau des Münchner Nationaltheaters ein und unterstützte die Bühnen in Nürnberg und Würzburg.

WEGWEISENDE STUDIENZEIT

Im Mai 1925 immatrikulierte sich Alfons Goppel mit 19 Jahren an der Ludwig-Maximilians-Universität München (LMU) als Student der Rechts- und Staatswissenschaften. Während seiner Studienzeit trat er der Erwinia bei, einer im Jahr 1873 von Polytechnikern gegründeten katholischen Studentenverbindung. Diese grenzte sich bewusst gegen Burschenschaften ab und gehörte dem Kartellverband katholischer deutscher Studentenvereine (KV) an. Ebenso schloss er sich der Regensburger KV-Verbindung Agilolfia an. Der Erwinia blieb er zeitlebens eng verbunden. Im Mai 1933 etwa, also bereits nach der »Machtergreifung« der Nationalsozialisten, hielt er die Festrede auf deren 60. Stiftungsfest. Als Minister und Ministerpräsident war Goppel von 1958 bis 1969 Philistersenior des Altherrenvereins seiner Verbindung. Der KV verlieh ihm für seine

Alfons Goppel als Jurastudent an der LMU München, wo er sich 1925 mit 19 Jahren immatrikulierte

öffentlichen Verdienste im Jahr 1987 schließlich die neu gestiftete Georg-von-Hertling-Medaille.

Das bereits während der Studienzeit durch seine katholischen Verbindungskontakte aufgebaute Netzwerk war für den späteren Politiker nicht unerheblich. Ihm persönlich bekannte Bundes- und Kartellbrüder waren beispielsweise der spätere Bundeskanzler Konrad Adenauer, der spätere baden-württembergische Ministerpräsident und Bundeskanzler Kurt Georg Kiesinger, der spätere bayerische Ministerpräsident Hanns Seidel sowie der »*Ochsensepp*« genannte Josef Müller, der später der erste Vorsitzende der Christlich-Sozialen Union in Bayern (CSU) und bayerischer Justizminister wurde. Goppel machte später vielfach deutlich, dass er Studentenverbindungen eine hohe gesellschaftliche Bedeutung im vorpolitischen Raum zumaß.

Die angesehene Juristische Fakultät der LMU zählte zu Goppels Studienzeit etwa 2100 eingeschriebene Studierende; darunter befanden sich jedoch gerade einmal 50 Studentinnen. Das Personenstandverzeichnis der LMU gibt für die gesamte Universität im Jahr 1925 einen Studentinnenanteil von mageren 13 % aus. Seine spätere Ehefrau, die aus Westfalen stammende Gertrud Wittenbrink, lernte der Jurastudent dennoch an seiner Alma Mater kennen. Die junge Kommilitonin stammte aus einer katholischen Kaufmannsfamilie mit bäuerlichen Wurzeln. Ihr Abitur hatte sie in Hannover bei den Ursulinen erworben und im Anschluss in München, Freiburg und Münster ein Germanistikstudium durchlaufen – welches sie allerdings auf das Drängen ihrer Mutter nach dem fünften Semester abbrach. Gertrud war in ihrer Münchner Zeit Couleurdame der Erwinia, wurde also regelmäßig zu Veranstaltungen der Verbindung eingeladen.

Die damals 19-Jährige begegnete dem gerade 22-jährigen Alfons Goppel erstmals im Dezember 1927 am Springbrunnen vor dem Haupteingang der Universität – einem bis heute bei Studierenden sehr beliebten Treffpunkt. Nach siebenjähriger Verlobungszeit sollte das Paar am 3. Juni 1935 schließlich in Gertruds Geburtsort Bentheim heiraten, nahe der Grenze zu

Hochzeitsfeier Alfons und Gertrud Goppels am 3. Juni 1935

den Niederlanden. Goppels humoristisches Bonmot über diese bayerisch-preußische Allianz wurde später vielfach von der Presse zitiert: *»Gegen d'Preissn hilft nur oans: aufheirat'n.«*

Seiner Oberpfälzer Heimat blieb Goppel während seines Studiums in München eng verbunden; er kehrte in sämtlichen Semesterferien zu seiner Familie zurück. Zum Semesterbeginn suchte er danach jeweils wieder an seinem Studienort eine neue Wohnung. Auf diese Weise kam es, dass Goppel im Laufe seiner

Gründung einer bald vielköpfigen Familie

Alfons Goppel, der selbst einer katholisch geprägten Großfamilie entstammte, sollte nach der Hochzeit mit Gertrud im Jahr 1935 bald ebenfalls zum Oberhaupt einer vielköpfigen Familie werden. Aus der glücklichen Ehe, die bis zum Tod Gertruds 1989 über 54 Jahre Bestand hatte, gingen zwischen 1936 und 1952 die sechs Söhne Michael (1936), Ludger (1938), Bernhard (1940), Wolfgang (1944), Thomas (1947) und Christoph (1952) hervor. Sohn Wolfgang starb mit nur zwei Jahren bei einem tragischen Unfall – ein schwerer Schlag für Alfons und auch Gertrud Goppel, die über viele Jahre gleichsam herzliche Familienmutter wie engagierte Landesmutter war.

Als *First Lady* Bayerns lagen ihr die Förderung kultureller Belange sowie die Pflege von Traditionen und Brauchtum am Herzen; ebenso zeigte sie großes persönliches Engagement im karitativen und sozialen Bereich. Für ihre Verdienste zeichnete man Gertrud Goppel mit dem Bayerischen Verdienstorden aus. Die fünf überlebenden Söhne ehrten ihre Mutter zum 80. Geburtstag im Jahr 1988 mit einer gemeinsamen Festschrift, die den ausdrucksvollen Titel »*Was waar Er ohne Sie*« trug.

Studienzeit unter nicht weniger als sieben verschiedenen Adressen in der Landeshauptstadt gemeldet war. Seine Interessen gingen jedoch über die Rechtswissenschaften hinaus. Daher unterbrach er sein Studium in München und belegte im Sommersemester 1927 Vorlesungen und Seminare an der Philosophisch-Theologischen Hochschule in Regensburg. Ob dieser vorübergehende Wechsel in seine Heimatstadt über sein Interesse für Philosophie und Theologie hinaus auch finanzielle oder familiäre Gründe hatte, geht aus den Quellen nicht hervor.

Im folgenden Semester kehrte Goppel jedenfalls an die LMU zurück und setzte sein Studium der Rechts- und Staatswissenschaften fort. Die Belegblätter der Universität, durch die seine besuchten Veranstaltungen, für die auch Gebühren zu entrichten waren, dokumentiert werden könnten, sind leider im Zweiten Weltkrieg verloren gegangen. Staatsrecht hörte er nach eigener Aussage beim renommierten Professor Hans Nawiasky, der später als wichtigster staatsrechtlicher Berater der bayerischen Regierung wirkte und nach dem Zweiten Weltkrieg maßgeblich an der Entstehung der Bayerischen Verfassung von 1946 mitwirkte. Letztlich schloss Goppel sein Studium im Winter 1928/29 nach sieben Semestern mit der Prüfung für den höheren Justiz- und Verwaltungsdienst ab – wenn auch mit nur mäßigem Erfolg.

Die Bayerische Volkspartei

Im November 1918 hatte sich in Regensburg die Bayerische Volkspartei (BVP) unter der Führung des Generalsekretärs der Christlichen Bauernvereine, Sebastian Schlittenbauer, und des *»Bauerndoktors«* Georg Heim als bayerischer Arm des politischen Katholizismus gegründet. Die BVP war eine Abspaltung von der Zentrumspartei, die dadurch in Bayern aufgelöst wurde, blieb aber mit der Schwesterpartei auf Reichsebene bis 1920 als Arbeits- und Fraktionsgemeinschaft verbunden. Das Parteiprogramm der BVP war von einem bayerisch getönten Konservativismus und einer ausgeprägt sozialen Orientierung geprägt.

Die Partei bekannte sich zwar von Beginn an überkonfessionell zur *»christlichen Weltanschauung«*, konnte aber im Gegensatz zur knapp drei Jahrzehnte später gegründeten CSU nur sehr wenige Protestanten gewinnen. Zudem sah sie sich ausdrücklich als Vertreterin einer bayerisch-föderalistischen, zuweilen partikularistischen politischen Tradition, die in der Weimarer Republik nicht selten bayerische Sonderinteressen verfolgte. Innerhalb der Partei standen sich ein *»vernunftrepublikanischer«* Flügel, zu dem vor allem die Reichstagsabgeordneten zählten, und ein monarchistischer Flügel um Georg Heim gegenüber.

Bei den Landtagswahlen vom 12. Januar 1919 sowie den eine Woche später abgehaltenen Wahlen zur *»Verfassunggebenden Nationalversammlung«* des Deutschen Reichs wurde die BVP mit jeweils 35 % der Stimmen stärkste politische Kraft in Bayern. Während der Zeit der Weimarer Republik erzielte sie eindrucksvolle Landtagswahlergebnisse von bis zu 39,4 %. Zwischen 1920 und 1933 bildete sie stets die größte Fraktion im bayerischen Landtag und war an jeder bayerischen Staatsregierung beteiligt. Mit Hugo Graf von und zu Lerchenfeld (1921–22), Eugen Ritter von Knilling (1922–24) und Heinrich Held (1924–33) stellte sie in dieser Zeit drei Ministerpräsidenten.
Der 1930 beginnende Aufschwung der NSDAP schwächte die BVP nicht im gleichen Maße wie andere bürgerliche Parteien. Aufgrund ihrer ländlich-katholischen Stammwählerschaft mit festen Milieustrukturen erwies sich die Partei gegenüber der nationalsozialistischen Bewegung als relativ resistent. Die BVP-geführte bayerische Staatsregierung ging seit dem Sommer 1931 energisch gegen die Nationalsozialisten vor. So hatte sie im Juli 1931 das *»Braune Haus«* in München von der Landespolizei besetzen und NSDAP-Parteiakten beschlagnahmen lassen. Für politische Versammlungen erließ sie ein allgemeines Uniformverbot, was vor allem gegen die SA und die SS gerichtet war.

FRÜHES POLITISCHES ENGAGEMENT

Regensburg war nicht nur die Gründungsstadt, sondern auch eine der Hochburgen der BVP. Diese konnte dort auf eine lange Tradition des politischen Katholizismus zurückblicken, verfügte bis 1933 durchgehend über die Stadtratsmehrheit und stellte den Oberbürgermeister. Umso aggressiver trat die NSDAP dort zu Beginn der 1930er-Jahre auf, um diese Vormachtstellung zu brechen. Inmitten dieser aufgeheizten politischen Stimmung begann Goppel, der seit April 1929 wieder in Regensburg lebte, sich politisch zu engagieren. Nachdem sein

Vater bereits seit 1918 in Reinhausen und Regensburg auf kommunaler Ebene für die BVP tätig war, wurde Goppel von BVP-Vertretern ebenfalls zur aktiven Parteiarbeit in seiner Heimatstadt angeregt.

Der 26-Jährige nahm das Angebot schließlich im Frühjahr 1932 an, nachdem auch seine Verlobte Getrud Wittenbrink keine Einwände gegen sein geplantes parteipolitisches Engagement hatte. Vom Frühjahr 1932 bis zum März 1933 trat er bei ungefähr 150 bis 200 Wahlversammlungen als Redner für die BVP auf, meist in ländlichen Gemeinden der Oberpfalz.

Im Rahmen seines Engagements kam Goppel auch mit Ministerpräsident Heinrich Held in Kontakt, der gleichzeitig Mitinhaber und Chefredakteur des lokalen BVP-Presseorgans *Regensburger Anzeiger* war. Zwar kam es auf dem Weg zu Versammlungsorten zu einigen gemeinsamen Autofahrten des jungen Parteimitglieds mit dem altgedienten Ministerpräsidenten – einen Austausch zu politischen Themen pflegten die beiden jedoch nicht. Für Goppel war der redegewandte, geradlinige und taktisch versierte Pragmatiker Held zu dieser Zeit kein direktes Vorbild. Als er drei Jahrzehnte später selbst zum bayerischen Regierungschef gewählt wurde, stellte er sich jedoch in dessen föderalistische Tradition.

Hatte sich die BVP bei der Präsidentschaftswahl 1925 für Paul von Hindenburg eingesetzt, so liebäugelte sie 1932 zunächst mit einer Kandidatur des amtierenden Reichskanzlers Heinrich Brüning für dieses Amt. Nach dessen Verzicht sprach sie sich allerdings – ebenso wie Zentrum und Sozialdemokratie – vehement für Hindenburg aus. Im März 1932 organisierte Goppel in seiner Heimatstadt eine Reihe von Jugendveranstaltungen der BVP, in deren Rahmen er sich für eine Wiederwahl Hindenburgs als Reichspräsident aussprach – und gegen dessen Konkurrenten Adolf Hitler.

Der *»Regensburger Anzeiger«* zitierte Goppel am 1. März 1932 im Rahmen der Berichterstattung über eine dieser Wahlveranstaltungen mit folgenden Worten: Notwendig sei nun eine *»einheitliche, eherne Front [...] zum Vorstoß ins Lager der Feinde des christlichen Staatsgedankens und des Gottesgedan-*

kens.« Hindenburg gewann die Reichspräsidentenwahl mit absoluter Mehrheit und wenige Tage später erließ Reichskanzler Brüning ein spektakuläres Verbot der SA und SS. Weite Kreise wurden infolgedessen zur irrigen Annahme verleitet, dadurch sei die NSDAP dauerhaft gebändigt.

Ministerpräsident Held regte im Juni 1932 an, alle paramilitärischen Parteiorganisationen zu verbieten und stattdessen eine staatliche Jugendorganisation zur Wehrerziehung zu schaffen. Die Staatsregierung hielt zudem am Verbot von Uniformen sowie politischen Versammlungen unter freiem Himmel fest, selbst nachdem das SA- und SS-Verbot von der neuen Reichsregierung unter Franz von Papen am 16. Juni 1932 aufgehoben wurde. Das Erscheinen der NSDAP-Abgeordneten im bayerischen Landtag im *»Braunhemd«* führte zu Tumulten und Straßenprügeleien. Unter Protest beim Reichsgericht beugte sich die bayerische Staatsregierung dem Druck der Reichsregierung und ließ die SA-Uniform wieder zu. Eine Reichsnotverordnung zwang die Regierung Held zudem zur Zurückgabe der beschlagnahmten NSDAP-Akten.

Als Reaktion baute die BVP Anfang Juli 1932 als regierungstreuen Selbstschutz die paramilitärische *»Bayernwacht«* auf. Diese war zunächst für die Sicherheit der höheren Parteifunktionäre gedacht, ihr rein defensiv ausgerichteter Aufgabenkreis weitete sich jedoch aus und umfasste bald den allgemeinen Versammlungs- und Saalschutz von BVP-Veranstaltungen. Goppel beteiligte sich an den Gründungsversammlungen der Bayernwacht und wurde, im Einvernehmen mit Georg Heim, stellvertretender Gauführer der Oberpfalz. In dieser Funktion sprach er auf Kundgebungen der Bayernwacht, die teils von Aufmärschen und *»Heul-Geschrei der Braunhemden«* begleitet wurden. Im Juli 1932 zitierte der *»Regensburger Anzeiger«* Goppel mit den Worten: *»Wir Jungen sind da und wir werden da sein, allen zum Trutz und unseren Idealen zum Schutz. Wir in Regensburg wollen beweisen, dass wir zum bayerischen Staat stehen.«*

Im Juli und im November 1932 fanden erneut Reichstagswahlen statt, bei denen sich die BVP zwar in Bayern gegen die Nationalsozialisten behaupten konnte, Letztere aber auf

Reichsebene stärkste Partei wurden. Der neue Reichskanzler Kurt von Schleicher, der mit Hilfe von Notverordnungen an den Parlamentsparteien vorbeiregierte, konnte sich nur knapp zwei Monate halten. Als Reichspräsident von Hindenburg am 30. Januar 1933 überraschend Hitler zum Reichskanzler ernannte, protestierte die BVP gegen ihre Nichtbeteiligung an der *»nationalen Regierung«*, die zunächst aus der NSDAP, der Deutschnationalen Volkspartei (DNVP) und weiteren nationalkonservativen Politikern bestand. Die BVP hatte es scheinbar bis zuletzt für möglich gehalten, mäßigend auf die erklärten Feinde der Weimarer Reichsverfassung und des Föderalismus einzuwirken.

ERSTE BERUFSERFAHRUNGEN

Unmittelbar nach seinem Abschlussexamen begann Goppel im April 1929 ein Referendariat in Regensburg. Während der einzelnen Stationen seines Vorbereitungsdienstes sammelte der junge Akademiker erste Berufserfahrung, zunächst bis Oktober 1930 am Amts- und Landgericht, später bis April 1931 am Bezirksamt. Weitere sechs Monate verbrachte er beim Stadtrat in Regensburg. In der Stadtverwaltung wurde er vom BVP-Oberbürgermeister und späteren bayerischen Kultusminister Dr. Otto Hipp im Verkehrs-, Sozial-, Finanz- und Gewerbereferat eingesetzt. Den anwaltlichen Teil des Referendariats absolvierte er ab Ende 1931 bei den Rechtsanwälten Schmidt und Seiermann. Im April 1932 legte er die große Staatsprüfung für den höheren Justiz- und Verwaltungsdienst mit der Gesamtnotensumme 79 ab. Damit rangierte er auf Platz 116 von insgesamt 445 Teilnehmern, von denen 365 die Prüfung auch bestanden. Mit der Aushändigung seines Prüfungszeugnisses war er ab dem 28. Juli 1932 berechtigt, den Titel eines Assessors zu führen.

Nach Abschluss seines juristischen Vorbereitungsdienstes sammelte Goppel im Sommer 1932 journalistische Erfahrung, indem er vier Wochen lang bei der *»Neuen Augsburger Zeitung«* volontierte. Das auflagenstarke Lokalblatt stand der BVP nahe und wurde wegen seiner konservativ-katholischen Ausrichtung im Volksmund *»Schwarze Kathl«* genannt. Nach 1933 bildete es den einzigen regionalen Gegenpol zur nationalsozialistischen *»Augsburger Nationalzeitung«*, wenngleich es den Status als amtliches Anzeigenblatt für den Regierungsbezirk Schwaben an Letztere verlor.

Am 31. Oktober 1932 ließ sich Goppel in seiner Heimatstadt als Jurist nieder. Als er die Gelegenheit sah, die Kanzlei eines jüdischen Anwalts zu übernehmen, ließ er sich am Landgericht Regensburg in die Liste der zugelassenen Rechtsanwälte eintragen. Als selbständiger Anwalt bekam der 27-Jährige jedoch zu seinem Leidwesen kaum Aufträge. Sein erstes Honorar erhielt er von einem Fahrradhändler in Form eines Fahrrads zum halben Preis. Was wirtschaftlich für ihn zu dieser Zeit eine Katastrophe darstellen musste, konnte er nach etlichen Jahren immerhin mit Humor nehmen. Scherzhaft erzählte er später bisweilen die Anekdote, seine Rechtsanwaltskanzlei in einem vornehmen Bankgebäude am Regensburger Neupfarrplatz habe aus zwei Wartezimmern bestanden: In seinem Arbeitszimmer wartete er selbst auf potentielle Mandanten – und in dem anderen Zimmer wartete niemand.

2 Dunkle Jahre

»Dies war der Anfang des über uns alle verhängten Konzentrationslagers. Kein Mensch traute sich mehr, etwas zu sagen. Jeder hatte den berühmten ›deutschen Blick‹, bevor er sich irgendwie äußerte.«

ALFONS GOPPEL

GLEICHSCHALTUNG BAYERNS UND ENDE DER BVP

In Bayern amtierte nach der Landtagswahl vom 24. April 1932 weiterhin die Regierung Held. Die beiden größten Landtagsfraktionen waren die der BVP mit 45 und die der NSDAP mit 43 Sitzen. Laut bayerischer Verfassung war die Regierung jedoch nur ablösbar, wenn sich eine neue Mehrheit fand. Keiner der beiden Parteien gelang es, eine der anderen im Landtag vertretenen Gruppierungen für eine Koalition zu gewinnen; somit blieb es bei der geschäftsführenden BVP-Regierung. Die Reichstagswahlen vom 5. März 1933 bestätigten hingegen das im Januar an die Macht gekommene NS-Regime, das rasch klarstellte, dass es sich bei der *»nationalen Revolution«* um einen Systemwechsel handelte. Bei diesen Wahlen, die bereits unter starkem nationalsozialistischem Druck stattfanden, fiel die BVP mit bayernweit nur noch 27,2 % deutlich hinter die NSDAP zurück, die 43,1 % erreichte.

Obwohl die Reichstagswahl für den Landtag an sich folgenlos war, erhöhte sich der Druck auf die bayerische Regierung dramatisch. Am 9. März forderten unter anderem SA-Stabschef Ernst Röhm und SS-Führer Heinrich Himmler die Einsetzung des NSDAP-Reichstagsabgeordneten Franz Ritter von Epp als Generalstaatskommissar in Bayern. Da sich Ministerpräsident Held widersetzte, bestimmte das nationalsozialistisch geführte deutsche Innenministerium von Berlin aus – unter Protest der bayerischen Regierung – noch am selben Tag Ritter von Epp zum Reichsstatthalter.

Als daraufhin die Hakenkreuzfahne durch die SA auf dem Regensburger Rathaus gehisst wurde, wollten junge Bayernwachtmitglieder *»den Fetz'n vom Rathaus runter[holen]«*, wie Goppel beobachtete. Er hielt sie zu ihrem eigenen Schutz schließlich davon ab. Kurz darauf wurden die Landesführer der Bayernwacht verhaftet. Knapp drei Wochen später gab die Organisation dem Zwang zur Selbstauflösung nach, den das nationalsozialistische bayerische Innenministerium ausgeübt hatte.

Die beiden Ende März und Anfang April 1933 in Kraft getretenen Reichsgesetze zur Gleichschaltung der Länder besiegelten das Schicksal Bayerns: Sowohl der Landtag als auch die kommunalen Vertretungen wurden auf Grundlage des Ergebnisses der Reichstagswahl in neuer Sitzverteilung zusammengestellt. In Goppels Heimatstadt konstituierte sich der Stadtrat damit am 22. April neu. Aufgrund ihres guten Abschneidens bei der Reichstagswahl stellte die Regensburger BVP mit zwölf Stadträten nach wie vor die stärkste Fraktion, knapp gefolgt von der NSDAP mit zehn. Der bisherige BVP-Oberbürgermeister Otto Hipp war am 20. März zurückgetreten, und so wählte der Stadtrat den einzigen Kandidaten, Otto Schottenheim (NSDAP), Ende Mai 1933 zum neuen Stadtoberhaupt. In der Folge wurden mehrere oppositionelle Stadträte in Schutzhaft genommen. Weitere Ratsmitglieder, darunter zwei BVP-Stadträte, legten ihre Ämter unter dem Druck der NSDAP nieder.

Am 4. Juli 1933 rückte damit der 28-jährige Alfons Goppel in die BVP-Fraktion nach. Da er bei den Kommunalwahlen von 1929 jedoch gar nicht auf der Kandidatenliste der BVP stand und dementsprechend gar nicht als Ersatzmann gewählt worden war, kann formaljuristisch nicht von einem Nachrücken gesprochen werden. Somit musste es sich entweder um eine kurzfristige Entscheidung der Regensburger BVP zur Nachbesetzung der zurückgetretenen Stadträte oder um eine Entscheidung der Regensburger NSDAP gehandelt haben, die per Anordnung Nachrücker für die anderen Fraktionen verpflichtete.

Zur gleichen Zeit fanden Durchsuchungen von Goppels Wohnung und Kanzlei statt, bei denen mehrere Bücher beschlagnahmt wurden. In Schutzhaft genommen wurde der junge Stadtratsnachrücker zwar nicht, mit weiteren Einschüchterungsversuchen war jedoch jederzeit zu rechnen. Dazu sollte es allerdings nicht kommen: Am selben Tag, an dem er in den Regensburger Stadtrat einzog, beschlossen einige in Haft befindliche führende BVP-Funktionäre im Münchner Gefängnis Stadelheim die Selbstauflösung der Partei. Damit blieb die Stadtratssitzung vom 4. Juli Goppels einzige Teilnahme als Fraktionsmitglied; seine kommunalpolitische Karriere in Regensburg war beendet. Dennoch hatte er sich für die BVP bis zu deren Ende engagiert und war seiner politischen Geisteshaltung auch unter Druck treu geblieben.

BEWERBUNG UM DEN STAATSDIENST

Der wirtschaftliche Erfolg seiner Regensburger Anwaltskanzlei blieb weiterhin aus, was Goppel später darauf zurückführte, dass sich potentielle Mandanten nach der »Machtergreifung« lieber von nationalsozialistischen Anwälten vertreten ließen. Eine dauerhafte Existenzgrundlage als selbständiger Anwalt sah der seit mehreren Jahren mit Gertrud Wittenbrink verlobte Goppel nicht gegeben – insbesondere, da zur gleichen Zeit sein Vater die Anstellung verlor und keine weitere Unterstützung von dieser Seite möglich war. Der junge Jurist war in der Hoffnung auf wirtschaftliche Sicherheit gezwungen, sich um eine Beamtenlaufbahn im bayerischen Staatsdienst zu bemühen.

Am 14. November 1933 bewarb er sich für den höheren Justizstaatsdienst. Die Voraussetzung für eine Beamtenlaufbahn war jedoch die Anpassung an die – ihm zuwiderlaufenden – neuen Machtverhältnisse. Anfang April 1933 hatten die Nationalsozialisten ein Gesetz zur Wiederherstellung des Berufsbeamtentums erlassen, welches regelte, dass *»Beamte, die nach ihrer bisherigen politischen Betätigung nicht die Gewähr dafür bieten, dass sie jederzeit rückhaltlos für den nationalen Staat eintreten«*, aus dem Dienst entlassen werden konnten. Für Bewerber galt selbstredend dasselbe: Frei gewordene Stellen mussten grundsätzlich mit Nationalsozialisten besetzt werden. Parteimitglied der NSDAP konnte man aufgrund einer Aufnahmesperre jedoch vorerst nicht werden.

Um seiner Bewerbung für den Staatsdienst eine Erfolgsaussicht zu verleihen, trat Goppel am 1. November 1933 in die paramilitärische »Sturmabteilung« (SA) ein. Diese seiner politischen und moralischen Überzeugung entgegenlaufende Entscheidung nur vier Monate nach der Selbstauflösung der BVP kam sehr überraschend. Noch kurz zuvor hatte er die NS-Kampforganisation mit der Bayernwacht aktiv bekämpft und lehnte das ihr zugrunde liegende Gedankengut aufs Schärfste ab. Sowohl Goppels Verlobte als auch deren – und aller Wahrscheinlichkeit nach auch seine eigene – Familie hatten sich zuvor vergeblich gegen einen Beitritt ausgesprochen.

Goppels Beweggründe sind wohl allein durch seine materielle Existenzangst zu erklären. Ohne den Beitritt zur SA wäre seine Bewerbung um den Staatsdienst aussichtlos geblieben. Jenseits moralischer Bewertungen muss man konstatieren, dass er mit seiner äußerlichen Anpassung an die Verhältnisse ähnlich wie eine beachtliche Zahl seiner Generation der um die Jahrhundertwende Geborenen handelte, die als Beamte im öffentlichen Dienst tätig waren oder tätig werden wollten. Bereits 1933/34 betrug die NSDAP-Mitgliedsquote der Beamten im Deutschen Reich 20 %, wohingegen die Parteizugehörigkeit aller Berufstätigen noch bei lediglich 7,3 % lag. Die überwiegende Zahl der Beamtenschaft übte sich in politischer Mindestanpassung, was bei der jüngeren Generation noch stärker zum Ausdruck kam. In Württemberg traten beispielsweise die mittleren und jüngeren Jahrgänge des höheren Verwaltungskorps fast geschlossen der NSDAP bei.

Den nach der nationalsozialistischen *»Machtergreifung«* in großer Zahl neu in die Organisation strömenden Männern traten die Mitglieder aus der *»Kampfzeit«* jedoch mit großem Misstrauen gegenüber, da sie in ihnen *»Märzgefallene«* sahen, also politische Trittbrettfahrer und Opportunisten. Faktisch fanden sich in Goppels Generation jedoch neben opportunistischen Technokraten auch zahlreiche aktive NS-Parteigänger. Goppel, der dem Nationalsozialismus angesichts seiner vorherigen BVP-Aktivitäten sehr kritisch gegenüberstand, erklärte rückblickend, aus seiner damaligen Sicht musste man halt *»in irgendeiner Form mitmachen«*.

Alfons Goppel gab seine Kanzlei zum 1. Juli 1934 auf und trat in den bayerischen Justizdienst ein. Beim Amtsgericht Mainburg in der Hallertau wurde er zum Gerichtsassessor ernannt und dort mit den Aufgaben eines Grundbuchbeamten betraut. Sein jährliches Grundgehalt in der beschaulichen, zwischen Regensburg und Freising gelegenen Kleinstadt betrug 3400 Reichsmark. Das zwar nicht üppige, aber regelmäßige staatliche Einkommen ermöglichte es dem mittlerweile 29-Jährigen nun endlich, aus seiner finanziellen Notlage zu entkommen. Hatte er 1929 bei seiner Vereidigung als Rechtsreferendar noch die Treue zum Freistaat Bayern beschworen, musste er sich nun darauf vereidigen lassen, dem *»Führer des deutschen Reiches und Volkes, Adolf Hitler, treu und gehorsam zu sein«*. Nach dem Ablauf von zwei Monaten wurde seine Eignung für den höheren Justizstaatsdienst dienstlich festgestellt.

Bereits zum 1. Oktober 1934 wurde Goppel an das Landgericht Kaiserslautern in der bayerischen Pfalz versetzt. Das Gehalt für seine dortige Aufgabe als zweiter Staatsanwalt stieg damit auf 4800 Reichsmark jährlich. Der junge Beamte war durch seine neue Stelle stark in Anspruch genommen. Im Monat hatte er mitunter bis zu 500 Strafsachen zu bearbeiten und arbeitete daher oft bis spät in die Nacht hinein und auch von zu Hause aus. Bereits ab dem Herbst 1935 bemühte sich Goppel intensiv darum, auf eine andere Stelle, vor allem aber in eine andere Stadt versetzt zu werden.

Diese Bemühungen um seine Versetzung hatten sowohl private als auch dienstliche Gründe: Zum einen hatte er im Juni 1935 nach langer Verlobungszeit endlich Gertrud Wittenbrink geheiratet. Zwar hatte das junge Ehepaar in der Pfalz in kurzer Zeit gute Freunde gefunden, etwa unter den Mitgliedern des Bibelkreises um den Studienrat Fritz Gundermann oder in Helene Dippelhofer, die zur Taufpatin des ältesten Sohnes werden sollte –, aber wirklich heimisch wurden die beiden in der Pfalz dennoch nie. Alfons Goppel gab Jahre später an, die Pfalz *»war nicht das Milieu, das wir an sich liebten oder wollten«*. Durch Bewerbungen auf Amtsgerichtsratsstellen in Westfalen versuchte er, räumliche Nähe zu seinem verwitweten Schwiegervater herzustellen. Doch auch das berufliche Umfeld lieferte zahlreiche Gründe, sich aus Kaiserslautern wegzubewerben. Die Stellung als zweiter Staatsanwalt war zu Goppels Unmut schon 1935 sehr stark politisch weisungsgebunden, was sich in späteren Jahren noch verstärkte. Staatsanwaltschaften sollten vor allem nach 1939 durch die NS-Machthaber vielfach zur illegalen Beeinflussung der Gerichte missbraucht werden. Mit einem seiner Vorgesetzten in Kaiserslautern hatte Goppel schon bald persönliche Probleme, als dieser ihm angesichts seiner politischen Vergangenheit in der BVP zu verstehen gab, er habe keine Chance, Beamter auf Lebenszeit zu werden.

Goppel fühlte sich *»in einer bis zum Unerträglichen gesteigerten Weise«* schikaniert, obgleich er seiner Arbeit mindestens ebenso pflichtbewusst und fleißig nachging wie seine Kollegen. Seine überaus unvorteilhaften dienstlichen Beurteilungen durch den Kaiserslauterer Oberstaatsanwalt sprechen eine deutliche Sprache: Im Oktober 1935 wurde über den *»schwarzen«* Goppel geurteilt, er sei ernst, bescheiden und zurückhaltend, jedoch ohne erkennbare Festigung des Charakters.

Es sollte jedoch Jahre dauern, bis den Bemühungen um eine andere Stelle schließlich Erfolg beschieden war. Im Oktober 1937 hatte man den 32-Jährigen nun doch zum Beamten auf Lebenszeit ernannt. Seine 18. Bewerbung brachte schließlich die erhoffte Versetzung mit sich: Zum 1. November 1938 wurde Goppel als Amtsgerichtsrat nach Aschaffenburg versetzt. Da damit keine Beförderung verbunden war, wurde er an seiner neuen Wirkungsstätte zunächst als Einzelstraf-, Schöffen- und Arbeitsrichter tätig, bevor er nach wenigen Monaten den stellvertretenden Vorsitz des Anerbengerichts beim Amtsgericht Aschaffenburg übernahm. Seine dortige Position füllte Alfons Goppel acht Monate lang aus – bis er am 26. August 1939 zur Wehrmacht einberufen wurde.

Das Anerbenrecht
Die Vererbung bäuerlicher Anwesen auf einen einzigen Erben war infolge des nationalsozialistischen Reichserbhofgesetzes von 1933 verpflichtend. Die damit einhergehende Unverkäuflichkeit des landwirtschaftlichen Bodens war zugleich Ausdruck der nationalsozialistischen Blut-und-Boden-Ideologie. Der Hof war dadurch getrennt vom sonstigen Vermögen zu behandeln, das nach allgemeinen Regeln vererbt wurde. Da dieses für die nationalsozialistische Agrarpolitik zentrale Gesetz eine erhebliche Einschränkung der bäuerlichen Selbstbestimmtheit bedeutete, sowohl in wirtschaftlicher als auch in erbrechtlicher Hinsicht, hatten die Anerbengerichte eine Fülle von Streitfällen zu bearbeiten. Deren Zusammensetzung war ebenfalls durch das Reichserbhofgesetz geregelt: Neben einem Berufsrichter fungierten zwei Landwirte als ehrenamtliche Beisitzer.

MITGLIEDSCHAFT IN NSDAP UND SA

Nachdem am 20. April 1937 die Eintrittssperre in die NSDAP gelockert worden war, findet sich der Name Alfons Goppel als *»Parteianwärter«* in der zentralen Mitgliederkartei. Er führte nach 1945 aus, dass dies nicht auf seine Initiative hin geschehen sei: *»In die Partei selbst wurde ich ohne mein Zutun als Anwärter von der SA aus im Jahre 1937 oder '38, rückwirkend auf den Mai 1937 überführt.«* Bis zum Jahresende 1937 hatte dann der Mitgliedsantrag zu erfolgen, damit die Anwärter in den Status eines Mitglieds übergingen – sobald ihnen ihre Mitgliedsausweise ausgehändigt wurden.

Dies führte im Falle Goppels, der sich laut seiner eigenen Aussage nicht weiter um eine Vollmitgliedschaft bemüht hatte, zu einer ziemlich undurchsichtigen Sachlage: Sein Mitgliedsausweis wurde zwar offenbar im Dezember 1938 an den zuständigen Ortsverband Aschaffenburg-Nord versandt. Ob er den Empfänger allerdings persönlich erreichte und Goppel somit formal zum NSDAP-Mitglied wurde, scheint zumindest fragwürdig. Die Mitgliederkartei vermerkte eine Zugangsbestätigung vom 1. März 1939 und attestierte damit eine Vollmitgliedschaft, während Goppel in seinem Beurteilungsbogen am Amtsgericht hingegen noch bis 1943 lediglich als NSDAP-Parteianwärter geführt wurde. Für die vermeintlich nicht erfolgte Aufnahme wurde dort die Begründung geliefert, Goppel sei zum Zeitpunkt der Verpflichtung bereits in der Wehrmacht gewesen. Obwohl ihm vom Aschaffenburger Amtsgerichtsdirektor noch während eines Fronturlaubs im Jahr 1943 nachdrücklich nahegelegt wurde, sich endlich um die Vollmitgliedschaft zu bemühen, da alles andere bei der vorgesetzten Behörde Verdachtsmomente auslösen müsse, machte er keine derartigen Anstalten. Gleichzeitig ging die Spruchkammer Aschaffenburg jedoch von einer Vollmitgliedschaft seit dem 1. Mai 1937 aus.

Goppel selbst erklärte wiederum noch im Jahr 1952, er sei seit 1937 Parteianwärter gewesen, *»ohne jemals Vollmitglied der NSDAP zu werden«*. Die Diskrepanz zwischen seiner eigenen Wahrnehmung, dem Zustellungsvermerk in der Mitgliederkartei sowie der unterschiedlichen Betrachtung durch seine Vorgesetzten ist schwer zu erklären. Hätte er von seiner Vollmitgliedschaft gewusst, so müsste man davon ausgehen, dass er deren Bestehen seinen Vorgesetzten gemeldet hätte, um weiteren ungünstigen Beurteilungen zu entgehen. Ob nun wissentlich oder nicht – Goppel wurde in der Mitgliederkartei der NSDAP unter der Nummer 5 495 933 geführt. Was die seit 1933 bestehende SA-Mitgliedschaft angeht, so muss man ebenfalls genauer hinsehen. In seinen Beurteilungen, den so genannten Personal- und Befähigungsnachweisen, bescheinigte ihm der zuständige Generalstaatsanwalt bzw. Erste Staatsanwalt seit 1936, er sei ein eifriger SA-Mann mit Interesse am nationalsozialistischen Gedankengut. Weiter war zu lesen, an nationalsozialistischen Versammlungen nehme er eifrig teil.

Diese in Beurteilungen häufig auftauchenden Formulierungen lassen allerdings kaum Rückschlüsse auf individuelles Verhalten zu. Es spricht einiges dafür, dass es sich vielmehr um eine formalisierte Beschreibung für einen Beamten handelte, der nicht negativ aufgefallen war und den seine Vorgesetzten daher keinen Repressalien ausgesetzt wissen wollten. Vielmehr war diese Art von Beurteilung für einen Beamten notwendig, damit seine Stelle nicht gefährdet wurde. Eine aktive nationalsozialistische Betätigung Goppels ist daraus jedenfalls nicht abzuleiten.

Der Beurteilung Goppels als eifriger SA-Mann stehen seine eigenen diametral entgegengesetzten Aussagen im Rahmen des späteren Entnazifizierungsverfahrens gegenüber, ebenso zahlreiche eidesstattliche Erklärungen durch seine Bekannten sowie das Gutachten des Vorprüfungsausschusses für Richter und Staatsanwälte im Landgerichtsbezirk Aschaffenburg. Ebenso wichtig für die Bewertung seiner SA-Mitgliedschaft ist die Tatsache, dass Goppel innerhalb der Organisation niemals aufstieg und stets »Sturmmann« blieb. Während seiner Zeit in Mainburg und zu Beginn seiner beruflichen Tätigkeit in Kaiserlautern war er dem SA-Dienst gar völlig ferngeblieben. Erst im Spätherbst 1935, als er seinem Behördenvorstand eine Aktivität nachweisen musste, meldete er sich wieder bei der SA zurück. Nach seiner Versetzung von Kaiserslautern nach Aschaffenburg kontaktierte er die SA überhaupt nicht mehr, weswegen 1939 sogar ein so genanntes Fahndungsverfahren gegen ihn eingeleitet wurde. Dieses verlief jedoch infolge des Kriegsausbruches im September 1939 im Sande.

Zusammenfassend ist Alfons Goppel, der noch nach der NS-»Machtergreifung« für die BVP sowie für die Bayernwacht aktiv war, sicher nicht als überzeugter Nationalsozialist zu werten. Sein SA-Beitritt im Alter von 28 Jahren erklärt sich aus der Tatsache, dass er sich die Möglichkeit der Aufnahme in den Staatsdienst nicht verbauen und im herrschenden System nicht weiter negativ auffallen wollte. Dass er sich in dieser Organisation nicht mehr als nötig engagierte und sich zudem nicht um eine Aufnahme als Vollmitglied der NSDAP bemühte, macht deutlich, dass er zwar ein für einen Beamten durchschnittliches Verhalten an den Tag legte, aber keineswegs als Aktivist gelten kann.

Die äußerliche Anpassung an die Verhältnisse darf nicht über seinen tatsächlichen moralischen Kompass, seine Ängste und seine Sorgen um seine Existenz und die seiner jungen Familie hinwegtäuschen. Schon die Ermordung des SA-Führers Ernst Röhm am 30. Juni 1934 auf Veranlassung Adolf Hitlers hatte den jungen Juristen bestürzt, der zu dieser Zeit gerade in Mainburg sein Gerichtsassessorat angetreten hatte. Am meisten erschütterte ihn, wie er sich später erinnerte, *»dass der Justizminister in Berlin auch noch ein Gesetz erlassen hat, das diesen Mord formell für rechtens und gesetzmäßig erklärt. Dies war der Anfang des über uns alle verhängten Konzentrationslagers.«* In einem Interview fasste er die Zeit nach dem Röhm-Putsch folgendermaßen zusammen: *»Kein Mensch traute sich mehr, etwas zu sagen. Jeder hatte den berühmten ›deutschen Blick‹, bevor er sich irgendwie äußerte. Mein Oberamtsrichter hat ohnehin nicht viel gesagt. Danach hat er überhaupt nicht mehr mit unsereinem diesbezüglich gesprochen.«*

Goppel arrangierte sich notgedrungen mit dem System. Von der materiellen Angst getrieben, seine Anstellung im Staatsdienst zu verlieren und nicht mehr für die Familie sorgen zu können, leistete er keinen aktiven Widerstand. Er lehnte die Ideologie des Nationalsozialismus jedoch weiterhin entschieden ab, was nicht zuletzt religiöse Wurzeln hatte. Sowohl er als auch seine Frau waren gläubige Katholiken, die ihren religiösen Überzeugungen treu blieben. Auch in der NS-Zeit brachte sich das Ehepaar aktiv ins Gemeindeleben ein und betätigte sich in der Caritas. Gertrud sang bei kirchlichen Feiern. Das Ehepaar besuchte Pfarrveranstaltungen auch außerhalb der Kirche, war freundschaftlich mit zahlreichen Geistlichen verbunden und nahm an deren polizeilich nicht gemeldeten und damit illegalen Abendvorträgen teil. Während der Teilnahme an einer Fronleichnamsprozession wurde Alfons Goppel einmal von der Gestapo fotografiert und unter Druck gesetzt. Sein kirchliches Engagement während der NS-Zeit war keineswegs ungefährlich.

SOLDAT IM ZWEITEN WELTKRIEG

Im März 1937 meldete Alfons Goppel sich freiwillig zum Dienst in der Wehrmacht. In jenem Jahr beteiligte er sich an zwei militärischen Übungen im bayerischen Eichstätt und in Butzbach bei Frankfurt am Main. Von Ende Mai bis Mitte Juli 1939 folg-

Alfons Goppel als Leutnant in der Zeit des Zweiten Welt-kriegs, ca. 1940

te eine weitere Übung beim in Aschaffenburg stationierten 106. Infanterieregiment. Nachdem er am 26. August desselben Jahres, nur wenige Tage vor dem deutschen Angriff auf Polen, erneut eingezogen wurde, blieb er während des gesamten Zweiten Weltkrieges Soldat. Ein Antrag des Landgerichtspräsidenten in Aschaffenburg, der seinen Mitarbeiter Goppel zurück an das Gericht holen wollte, wurde im Oktober 1940 *»aus zwingenden milit[ärischen] Gründen«* abgelehnt.

Die Entscheidung für den Dienst in der Wehrmacht hatte Goppel ganz bewusst getroffen: Für den zum Zeitpunkt des Kriegsausbruchs noch nicht ganz 34-Jährigen bedeutete der Dienst an der Waffe angesichts der politischen Verhältnisse in Deutschland das kleinere Übel. Alfons Goppel war kein Soldat aus ideologischer Überzeugung. Rückschauend gab er gegenüber der Zeitschrift *»Hörzu«* an, er sei froh gewesen, dass er, *»selbst wenn es grausam genug ist, wieder an die Front gehen [durfte] und nicht hier drinnen Recht pflegen«* musste. Vor dem bayerischen Landesverband des Reichsbundes der Kriegsbeschädigten äußerte er sich im Jahr 1964, knapp zwei Jahrzehnte nach Kriegsende: *»Wir Soldaten des letzten, verheerenden Weltkrieges haben nichts, von dem wir sagen könnten, es habe sich gelohnt, Gut und Blut, Gesundheit und Leben einzusetzen.«*

Bei Kriegsbeginn diente Goppel als Unteroffizier. Schon wenige Monate später, ab November 1939, wurde er als Feldwebel und ab August 1940 schließlich als Leutnant beim Infanterieregiment 106 eingesetzt. Zunächst war er am so genannten Westwall stationiert, der mehr als 600 Kilometer langen Befestigungslinie an der deutschen Westgrenze. Diese bestand aus mehr als 14 000 Bunkern und befestigten Unterständen. Nach einem Einsatz in Frankreich wurde er schließlich an die Ostfront versetzt, wo er am Feldzug gegen die Sowjetunion teilnahm. Im Juli 1941 erlitt er eine Splitterverletzung am Kopf.

Am 4. Januar 1942 kehrte Goppel nach schweren Erfrierungen beider Füße schließlich nach Aschaffenburg zurück, wo er bis zum 20. April im Lazarett behandelt wurde. Er wurde während des Zweiten Weltkrieges unter anderem mit der Medaille für die Winterschlacht 1941/42, dem Eisernen Kreuz II. Klasse, dem Verwundetenabzeichen in Schwarz sowie dem Infanterie-Sturmabzeichen in Silber ausgezeichnet.

Nach seinem Einsatz in der Sowjetunion und seinem Lazarettaufenthalt wurde der Leutnant der Reserve für längere Zeit vom Fronteinsatz verschont und wieder dem Ersatzheer zugeteilt. Zunächst wurde er zur 4. Kompagnie, dann zur 2. Genesenden-Kompagnie des Infanterie-Ersatzbataillons 106 versetzt. Von dort aus kam er als Hilfsoffizier, später als Waffen- und

Oberleutnant d. R. Alfons Goppel mit seiner Frau Gertrud und den Söhnen Michael, Ludger, Bernhard und Wolfgang, um 1945

Taktiklehrer, an die Infanterieschule Döberitz/Elsgrund westlich von Berlin. Im August 1942 erfolgte die Beförderung zum Oberleutnant der Reserve. Als sich der Krieg zu Beginn des Jahres 1945 auf deutsches Gebiet verlagerte, verschlug es Goppel als Ordonnanzoffizier im Stab der neuaufgestellten Volksgrenadierdivision 286, die den Auftrag hatte, Posen zu verteidigen, erneut an die Ostfront. Sein Regimentsstab wurde bereits kurz nach seiner Versetzung, am 23. Januar 1945, fast vollständig aufgerieben. Er konnte sich nach Döberitz retten, wurde kurzzeitig in Küstrin als Heeresrichter eingesetzt – er sprach kein einziges Urteil – und stieß nach diesem Zwischenspiel schließlich in Frankfurt an der Oder wieder zu seiner Division. Diese zog sich beim Großangriff der Sowjetarmee auf Berlin weiter nach Westen zurück, wurde der Armee Wenck unterstellt und kämpfte noch bis zum 5. Mai 1945 weiter.

Goppel schlug sich ab da auf eigene Faust »*mit einem halbtoten Rittmeister, einem Oberfeldwebel und drei Mädchen unseres*

Stabes« bis zur Elbe durch und geriet zwei Tage später in amerikanische Kriegsgefangenschaft. Wiederum einen Tag später erfolgte die bedingungslose deutsche Kapitulation. Nach der Verlegung in ein Gefangenenlager in Hannover wurde er in britische Gefangenschaft überführt. Aus dieser wurde er bereits am 1. Juli 1945 wieder entlassen, da er der Wehrmacht bereits vor der Kapitulation den Rücken gekehrt hatte und einen Wohnsitz in der britischen Besatzungszone nachweisen konnte – genauer gesagt bei der Familie seiner Frau im westfälischen Bentheim. Gertrud Goppel und die Kinder waren dort bereits zuvor, kurz vor Einsetzen der alliierten Bombenangriffe auf Aschaffenburg, als Evakuierte untergekommen.

3 Der schwierige Neustart

»Wenn nicht entlastet, dann Mitläufer.«

Selbsteinstufung Alfons Goppels

STUNDE NULL IN WESTFALEN

Alfons Goppel vermochte es nach der Freilassung aus der Kriegsgefangenschaft im Juli 1945 nur bedingt, sich in Bentheim, der westfälischen Heimat seiner Frau, eine berufliche Existenz aufzubauen. Als *»mithelfender Familienangehöriger«* betätigte er sich im Geschäft seines zu dieser Zeit als vermisst geltenden Schwagers, das Haushaltsartikel, Porzellanartikel und Baumaterial vertrieb. Eine berufliche Rückkehr an den Untermain kam für ihn aus familiären Gründen vorerst nicht infrage, denn nach der kriegsbedingten fast sechsjährigen Trennung von Frau und Kindern wollte er diese nicht in Bentheim zurücklassen – was bei einer Rückkehr in den Justizdienst nach Unterfranken zweifellos zunächst notwendig gewesen wäre. Mit fünf weiteren Personen wäre eine Niederlassung im schwer zerstörten Aschaffenburg nahezu unmöglich gewesen. Etwa 38 % der Stadt lagen in Schutt und Asche, darunter auch die Wohnung der Familie Goppel.

Doch auch weitere Gründe sprachen für einen Verbleib in Westfalen: Die Kinder fühlten sich mittlerweile in Bentheim wohl, und außerdem wollte Goppel seiner Frau Gertrud ermöglichen, sich um ihren verwitweten Vater zu kümmern. Goppel selbst schätzte die Region; er hatte sich ja bereits Mitte der 1930er-Jahre, wenngleich vergeblich, dorthin beworben.

Im August 1945 bemühte er sich erneut um eine Aufnahme in den Justizdienst in der neuen Heimat, zunächst um eine Richterstelle im Bezirk des Landgerichts Münster. Auf diese Bewerbung hin teilte ihm jedoch der zuständige Oberlandesgerichtspräsident mit, der Bedarf könne durch Kräfte gedeckt werden, die bereits im Bezirk angestellt seien. Sonstige Bewerber sollten daher zunächst versuchen, in ihrer bisherigen beruflichen Heimat Anstellung zu finden. Goppel resignierte jedoch nicht und bemühte sich im Januar 1946 um die Übertragung eines höheren Verwaltungspostens im Regierungsbezirk Münster. Zwei Monate später ersuchte er um die Zulassung zum Rechtsanwalt und Notar in Borken und Münster. Dabei betonte er, dass er den Anwaltsberuf, dem von vornherein seine Neigung gegolten habe, im Jahr 1933 nur gezwungenermaßen habe aufgeben müssen.

Da jedoch keine dieser Bewerbungen von Erfolg gekrönt war, blieb Alfons Goppel im Unternehmen seines Schwagers tätig, der noch immer in Russland vermisst wurde. Getrieben war diese Entscheidung auch von seinem Verantwortungsgefühl gegenüber der Familie seiner Frau: Sein fast 70-jähriger Schwiegervater war zu diesem Zeitpunkt nicht mehr in der Lage, das Geschäft des Sohnes aufrechtzuerhalten. Dies gab Goppel Grund genug, im Interesse seiner vier Nichten und Neffen beinahe ein ganzes Jahr lang in Bentheim zu bleiben.

ENTNAZIFIZIERUNGSVERFAHREN

Bevor an die Rückkehr in den Staatsdienst oder an ein politisches Engagement zu denken war, hatte Goppel – wie alle Deutschen, die älter als 18 Jahre alt waren – ein so genanntes Entnazifizierungsverfahren zu durchlaufen. Als gesetzliche Grundlage diente hierbei das *»Gesetz zur Befreiung von Nationalsozialismus und Militarismus«* vom 5. März 1946. Goppel reichte im Frühjahr 1946 den erforderlichen Meldebogen ein – eine Kurzfassung des 131 Fragen umfassenden Fragebogens der amerikanischen Besatzungsmacht. Insgesamt wurde dieser von 6,78 Millionen bayerischen Bürgerinnen und Bürgern ausgefüllt.

Für die etwa 1,8 Millionen Personen, die man infolgedessen als *»Betroffene«* ermittelte, wurden so genannte Spruchkammern eingerichtet, welche die Beschuldigten in fünf verschiedene Belastungsgruppen einzustufen hatten: Hauptbeschuldigte, Belastete, Minderbelastete, Mitläufer und Entlastete. Alfons Goppel beantwortete die Frage 13 des Meldebogens, die auf die Selbsteinstufung in eine dieser Gruppen abzielte, mit *»wenn nicht entlastet, dann Mitläufer«*. Die Spruchkammer Aschaffenburg-Stadt stufte ihn am 3. Dezember 1946 schließlich in die

Gruppe der Mitläufer ein. Definiert war diese Kategorie im Befreiungsgesetz als eine Person, die *»nicht mehr als nominell am Nationalsozialismus teilgenommen oder ihn nur unwesentlich unterstützt und sich auch nicht als Militarist erwiesen hat«*.

Der für Goppel mit diesem Urteil verbundene finanzielle Wiedergutmachungsbetrag war durchaus substanziell. Hatte der Vorprüfungsausschuss für Richter und Staatsanwälte zunächst noch eine Summe von 300 RM vorgeschlagen, wurde diese durch den Oberlandesgerichtspräsidenten auf 500 RM erhöht. Die Spruchkammer legte als letzte Instanz schließlich 750 RM fest, was für Goppel zusammen mit den Verfahrenskosten eine zu bezahlende Summe von 1100 RM bedeutete. Die Höhe der Geldbuße war durch das frühe Eintrittsdatum in die SA im November 1933 bedingt. Angelastet wurde ihm zudem die Mitgliedschaft in der NSDAP ab 1937.

Wenngleich Goppel beantragt hatte, als *»Entlasteter im Sinne des Gesetzes«* beurteilt zu werden, legte er gegen das Spruchkammerurteil keinen Widerspruch ein. Im Rahmen seines Verfahrens hatte er zu seiner Verteidigung jedoch schriftlich erklärt, seine SA-Mitgliedschaft habe nur dem Zweck gedient, sich als aktiver BVP-Politiker aus der Schusslinie zu bringen und den Weg in den Staatsdienst nicht zu gefährden. Betätigt habe er sich in der SA so gut wie überhaupt nicht. Die NSDAP-Mitgliedschaft sei ohne sein Zutun entstanden, als er von der SA als Anwärter überführt wurde. Goppel betonte außerdem, er habe sich gegen den Nationalsozialismus betätigt, wo immer es möglich war, oder zumindest seine davon abweichende Weltanschauung deutlich betont.

Zudem legte Goppel nicht weniger als 14 eidesstattliche Entlastungszeugnisse von Freunden, Bekannten und Weggefährten vor – so genannte *»Persilscheine«*. Der Quellenwert dieser Dokumente ist angesichts ihres Entstehungszusammenhangs im Allgemeinen sehr kritisch zu beurteilen, da stets dieselben Stereotypen genannt wurden, die den Betroffenen Passivität, Inaktivität und ein unpolitisches Wesen attestierten. In Goppels speziellem Fall ist jedoch auffällig, dass in den Erklärungen fast durchgängig auf dessen religiöses Engagement und den Umgang in rein katholischen Kreisen verwiesen wurde, was von den Nationalsozialisten kritisch beobachtet worden sei. Aus seiner katholischen Grundhaltung heraus, so wurde mehrfach bezeugt, habe dieser dem Nationalsozialismus innerlich stets ablehnend gegenübergestanden. Zum selben Schluss gelangte schließlich auch der Vorprüfungsausschuss für Richter und Staatsanwälte.

Alfons Goppels Einstufung als *»Mitläufer«* sollte in späteren Jahren – mit einer einzigen Ausnahme 1947 – nie zum Gegenstand politischer oder öffentlicher Diskussionen werden. In seiner Zeit als bayerischer Ministerpräsident kam es 1964 zwar unter öffentlichem Druck zum Rücktritt des Kultusministers Theodor Maunz – aufgrund von dessen juristischen Veröffentlichungen im Dritten Reich. Eine Debatte über Goppels formale Belastung wurde aber weder in den 1950er-Jahren, als er ins Kabinett berufen wurde, noch im Zusammenhang mit dem Fall Maunz oder in den späten 1960er- und frühen 1970er-Jahren geführt, als das öffentliche Bewusstsein wiederum sehr kritisch auf diese Fragen blickte.

RÜCKKEHR NACH ASCHAFFENBURG

Am 15. Juni 1946 zog Alfons Goppel schließlich wieder an den Untermain zurück – vorerst ohne Familie –, wo er beim Rechtsanwalt und Notar Dr. Josef Dessauer, den er aus seiner früheren Zeit in Aschaffenburg kannte, als *»jur[istischer] Hilfsarbeiter«* eine Anstellung fand. Dieser verzweifelt anmutende Schritt sollte ihm vor allem als Sprungbrett dienen, um endlich der beruflichen Perspektivlosigkeit zu entkommen, die ihn seit dem Kriegsende zunehmend bedrückte. Er bewarb sich, dort angekommen, umgehend auf lukrativere Stellen, um für das Auskommen seiner Familie sorgen zu können.

Drei Tage nach seiner Übersiedlung stellte er bereits ein – zunächst erfolgloses – Gesuch um Wiederanstellung als Richter am dortigen Amtsgericht. Zu diesem Zeitpunkt war das gegen ihn laufende Entnazifizierungsverfahren noch nicht abgeschlossen. Mitte Juli 1946 beschied der Landgerichtspräsident von Aschaffenburg dem zuvor abgelehnten Bewerber jedoch in einem internen Schreiben, er könne mit den Aufgaben eines Grundbuchrichters betraut werden und das Registergericht leiten. Dazu sollte es jedoch nicht mehr kommen, da Goppel bereits von der Stadt Aschaffenburg als Rechtsrat angestellt worden war, bevor er die Nachricht des Amtsgerichts erhalten hatte. Der von der amerikanischen Militärregierung als stellvertretender Bürgermeister eingesetzte Dr. Hans Reinthaler hatte ihn zuvor ermuntert, sich auf die Stelle zu bewerben, die infolge eines Stadtratsbeschlusses von Ende August öffentlich ausgeschrieben worden war. Goppel hatte seine Unterlagen am 10. Oktober bei der Stadt eingereicht und setzte sich schließlich gegen zwölf Konkurrenten durch. Der Stadtrat bestätigte am 29. Oktober seine Anstellung als Rechtsrat der Stadt, die ab dem 1. November 1946 in Kraft treten sollte. Zweieinhalb Monate später erhielt Goppels Einstellung bei der Stadtverwaltung den Segen der amerikanischen Militärregierung.

Anfang November zog auch Gertrud mit den Kindern und dem gesamten Hausrat von Bentheim nach Aschaffenburg, wo die Familie bis Ende der 1950er-Jahre eine Heimat fand. Der Neustart am Untermain mag schwierig und von zahlreichen Zufällen bestimmt gewesen sein, sollte jedoch für Alfons Goppel beruflich, familiär wie politisch etliche Weichen stellen.

Bayerns politischer Neubeginn

Bayern ist der einzige Flächenstaat der späteren Bundesrepublik, der nach Kriegsende nicht völlig neu geschaffen werden musste – wenngleich es 1945 den Verlust der Pfalz hinzunehmen hatte. Eigenstaatliche Strukturen hatte es dennoch zunächst nicht mehr vorzuweisen. Ebenso wie in den übrigen Teilen Deutschlands lag nach dem Zusammenbruch des Dritten Reichs die gesetzgebende und vollziehende Gewalt in den Händen der Besatzungsmächte.

Das genuin bayerische Selbstverständnis der Bevölkerung – also Traditions-, Geschichts- und Heimatbewusstsein – hatte die Diktatur jedoch überlebt. Das bayerische Nationaldenken erhielt rasch Auftrieb, als die US-Militärregierung in ihrer Besatzungszone »Staaten« schuf und das rechtsrheinische Bayern damit territorial nahezu in den alten Grenzen wiederherstellte. Der Weg war geebnet, um die föderalistische bundesstaatliche Tradition neu zu beleben.

Zunächst wurde die Lizensierung politischer Parteien auf kommunaler Ebene ermöglicht, später auch landesweit. Die Wiedergründungen der Kommunistischen Partei und der Sozialdemokratischen Partei knüpften an deren 1933 unterbrochene Tradition an. Echte Parteineugründungen fanden dagegen im bürgerlichen Lager statt. Als Freie Demokraten (FDP) schlossen sich vormalige National- und Linksliberale zusammen. Die Christlich-Soziale Union (CSU) stand nur teilweise in der Tradition der BVP.

Nach der durch die Militärregierung schrittweise vorangetriebenen Demokratisierung auf kommunaler Ebene wurde die Wahl einer verfassunggebenden Landesversammlung verfügt. Diese fand am 30. Juni 1946 statt und erlebte einen deutlichen Wahlsieg der bürgerlichen Sammlungsbewegung CSU. Mit 58,8 % errang diese 109 der insgesamt 180 Sitze, während die SPD mit 28,8 % auf 51 Sitze kam. Nachdem sich die Versammlung auf einen für alle Seiten akzeptablen, per Volksentscheid angenommenen Kompromiss einigen konnte, trat die Bayerische Verfassung am 8. Dezember 1946 in Kraft. Im Anschluss war die Bevölkerung erneut an die Wahlurnen gerufen – diesmal zur Wahl des ersten bayerischen Landtags seit Kriegsende. Auch hier wurde die CSU zur mit Abstand stärksten Partei. Die folgende, trotz allem schwierige Regierungsbildung führte zu einer Koalition aus CSU, SPD und WAV unter Ministerpräsident Hans Ehard.

Die weitere politische Entwicklung brachte Zusammenschlüsse der westlichen Besatzungszonen mit sich und schließlich die Weisung der Militärgouverneure, für den westdeutschen Rumpfstaat eine Bundesverfassung zu schaffen. Insbesondere die bayerische Staatsregierung versuchte, föderalistische Pflöcke einzurammen und den Einfluss der einzelnen Länder möglichst groß zu erhalten. Ehard lud seine Ministerpräsidentenkollegen im August 1948 zu einem Verfassungskonvent auf Herrenchiemsee, um diese in die bundesdeutsche Verfassungsgebung einzubinden – bzw. um dem Parlamentarischen Rat föderalistische Vorgaben machen zu können. Diese Taktik ging jedoch nicht auf und die föderative Konzeption der CSU ließ sich auch in den folgenden Monaten nicht durchsetzen. Noch kurz vor der endgültigen Abstimmung monierte die bayerische Regierung ganze 25 Punkte des Entwurfes des Parlamentarischen Rates in Bonn. Ehard gab letztlich die Formel aus: *»Nein zum Grundgesetz, ja zu Deutschland.«* Das Grundgesetz wurde nach zähen Verhandlungen im Parlamentarischen Rat am 8. Mai 1949 mit 53 von 65 Stimmen angenommen – trotz bayerischer Gegenstimmen.

Auch der Bayerische Landtag versagte dem Grundgesetz in der Folge die Zustimmung, was aber die erforderliche Zweidrittelmehrheit in den Länderparlamenten nicht gefährdete. Dass das Grundgesetz auch für Bayern rechtsverbindlich sei, sofern es insgesamt angenommen würde, wurde im Bayerischen Landtag mit großer Mehrheit bejaht. Auch wenn nicht alle bayerischen Vorstellungen Eingang in das deutsche Grundgesetz gefunden hatten, fand sich das Land Bayern damit in einem demokratisch legitimierten gesamtdeutschen Rahmen wieder. Die Bundesrepublik stellte eine föderalistische Ausgangsbasis dar, von der aus sinnvoll weitergearbeitet werden konnte.

GOPPEL UND DIE GRÜNDUNG DER CSU

Die Christlich-Soziale Union in Bayern war eine Parteineugründung, die sich infolge der Formierung vieler kommunaler Zusammenschlüsse rasch ausbreitete. Bereits am 8. Januar 1946 war sie landesweit etabliert. Dabei rekrutierte die neue Gruppierung sich nur teilweise aus früheren Mitgliedern und

Anhängern der BVP und war keine einfache Neuauflage derselben. Infolge von Flügelkämpfen war die überkonfessionell-christlich geprägte bürgerliche Sammelbewegung in den ersten Jahren ihres Bestehens regelrecht in sich zerklüftet. Der Historiker Wolfgang Benz urteilte später, die Geschichte der CSU enthalte *»eine eindrucksvolle Folge dramatischer Intrigen, Ehrabschneidungen, Denunziationen bei der Militärregierung, Enthüllungen von echten und erfundenen Schlafzimmergeheimnissen – Waffen im politischen Kampf um Grundsätze und Positionen«*.

Für den bereits vor 1933 in der BVP in Regensburg tätigen, fest im christlichen Glauben und in humanistischen Werten verwurzelten Alfons Goppel lag ein politisches Engagement in der CSU dennoch nahe. Noch in Nordhorn und Bentheim hatte er die dortige Christlich Demokratische Union (CDU) *»in einem Schulhof unter einem großen Baum«* mitbegründet. In Aschaffenburg, wo er ab Juni 1946 wieder lebte, gestaltete der 40-Jährige die Gründung der CSU jedoch noch nicht mit. Erste Gespräche hatten dort bereits Ende Mai 1945 stattgefunden. Die Gründungsversammlung der Christlich-Demokratischen Partei (CDP) war am 13. Oktober im Gasthof »Zum Wilden Mann« abgehalten worden. Nach den Kommunalwahlen im Januar 1946 schloss sich diese der CSU an.

Goppel war zwar kein Mann der ersten Stunde, später aber maßgeblich an der Phase der *»Festigung«* der Aschaffenburger CSU beteiligt. Auf seinem Mitgliedsausweis wurde der 7. Juli 1947 notiert, wenngleich sein parteipolitisches Engagement mutmaßlich schon früher begann. Den Kreisvorsitz sollte er in den Jahren 1955 und 1956 innehaben.

Eines der großen Lager der Landes-CSU bildete sich um Alois Hundhammer und Fritz Schäffer, beide ehemalige Parteipolitiker der Weimarer Zeit. Sie hatten eine Neuauflage der katholisch-konservativen, stark altbayerisch gefärbten BVP im Sinn. Auch monarchistische Gedankenspiele waren dieser Gruppierung nicht fremd. Dagegen stand das eher liberale Lager der CSU, das sich um den bereits Ende 1945 verstorbenen Adam Stegerwald, August Haußleiter sowie den *»Ochsensepp«* Josef Müller – alle aus Franken stammend – formiert hatte.

Ihnen schwebte eine Volkspartei für alle Bevölkerungsschichten vor, eine Sammlungsbewegung auf christlicher Grundlage, die einen maßvollen Föderalismus vertrat und den bayerischen Markenkern nicht überakzentuierte. Zwischen diesen beiden Lagern stand der so genannte Bauernflügel um Michael Horlacher und Alois Schlögl, der sich wiederum prononciert bayerisch gebärdete und seine Position je nach politischer Interessenlage bestimmte.

Der Grabenbruch zwischen den Lagern spiegelte letztlich die regionalen, konfessionellen, wirtschaftlichen und mentalen Trennungen des modernen Bayern wider. Insbesondere in der entstehenden Volkspartei CSU, die zwar modern im Ansatz, aber doch konservativ in ihren Strukturen war, werden diese nie ganz zugeschütteten Trennlinien sichtbar. Dieses Umfeld glich bisweilen einem politischen Pulverfass, was die Animositäten unter den rivalisierenden Parteipersönlichkeiten noch weiter anheizte.

Eigenständigkeit der CSU

Die organisatorische Trennung der selbständigen bayerischen CSU und der CDU in den anderen Ländern der Bundesrepublik war historisch bedingt, wie die Geschichte ihrer Vorgängerparteien zeigt. Die Patriotenpartei in Bayern hatte sich 1887 zwar als bayerisches Zentrum an die reichsweite Zentrumspartei angeschlossen. Nach 1918 war es aber in Bayern – als Abgrenzung zum Zentrum – zur Gründung der BVP gekommen.

Diese Konstellation von parallelen Strukturen wirkte nach dem Ende des Zweiten Weltkriegs fort – und manifestiert sich in der deutschen Parteienlandschaft bis heute. CSU und CDU sind in rechtlicher, finanzieller und organisatorischer Hinsicht getrennte Parteien, die im Wahlgebiet nicht miteinander konkurrieren. Programmatisch unterscheiden sie sich traditionell darin, dass die CSU in der Innen-, Rechts- und Gesellschaftspolitik konservativer und in der Wirtschafts- und Sozialpolitik sozialer aufgestellt ist als ihre »*Schwesterpartei*«.

Im Deutschen Bundestag bilden die Abgeordneten der bayerischen CSU und der CDU seit 1949 eine Fraktionsgemeinschaft. Für die CSU als autonome bayerische Partei ergab sich dadurch von Beginn an ein wichtiger strategischer Vorteil. Da sie gleichwohl ganz in die Bundespolitik integriert war, konnte sie zwei eng zusammenhängende Funktionen zugleich erfüllen: Einerseits wurde sie zur Repräsentantin bayerischer Interessen auf Bundesebene und andererseits wirkte sie an einflussreicher Stelle an der Gestaltung der gesamtstaatlichen Politik mit.

Zum offenen Machtkampf kam es nach der verlorenen Bundestagswahl von 1976, als der CSU-Vorsitzende Franz Josef Strauß dem CDU-Vorsitzenden Helmut Kohl mit dem spektakulären *»Kreuther Trennungsbeschluss«* die Zusammenarbeit aufkündigte und eine bundesweite Ausdehnung der CSU vorbereitete. Der Konflikt wurde erst beigelegt, als die CDU drohte, im Gegenzug auch in Bayern anzutreten, woraufhin die CSU ihren Trennungsbeschluss zurücknahm.

Wenngleich das Verhältnis der *»Schwesterparteien«* auch in der Folgezeit atmosphärischen Schwankungen unterworfen blieb, verstand es die CSU immer wieder, ihren bundespolitischen Einfluss geltend zu machen. In den Bundestagswahlkämpfen der Jahre 1980 und 2002 stellte sie mit Franz Josef Strauß und Edmund Stoiber sogar zweimal den gemeinsamen Kanzlerkandidaten der Unionsparteien.

Da Goppel in Aschaffenburg guten Kontakt nach Westfalen hielt, blieb es für ihn anfangs durchaus vorstellbar, CDU und CSU zu einer gemeinsamen bundesweiten Union zu verschmelzen. Aus der Perspektive Aschaffenburgs war dies besonders naheliegend, da die unterfränkische Stadt an der nordwestlichen Grenze Bayerns wirtschaftlich stark an Hessen gebunden war. Sehr bald schon war aber auch Goppel davon überzeugt, dass manche politischen Forderungen in einer separaten bayerischen Partei gegenüber den immer selbstbewusster auftretenden anderen Ländern der Bundesrepublik besser vertreten werden konnten – vor allem bei schul- oder sozialpolitischen Themen. Hinzu kam, dass sich die Verhältnisse innerhalb der CSU rasch stabilisierten.

WAHL ZUM LANDRAT IN ASCHAFFENBURG

Am 12. Oktober 1947 schien der lang ersehnte Tag gekommen, an dem der 42-jährige Alfons Goppel endlich politische Verantwortung übernehmen konnte. Der Kreistag von Aschaffenburg sollte für die verbleibende Zeit der Legislaturperiode einen neuen Landrat wählen – und er war klarer Favorit. Vorausgegangen war im September 1947 die Berufung des bisherigen Amtsinhabers – des späteren bayerischen Ministerpräsidenten – Hanns Seidel zum Wirtschaftsminister der ersten frei gewählten bayerischen Regierung nach Kriegsende.

Seidel hatte Aschaffenburg bereits seit Oktober 1945 als Landrat gedient – zunächst durch die amerikanischen Behörden eingesetzt, dann infolge der Kreistagswahl im April 1946 durch die Vertreter aller Parteien einstimmig im Amt bestätigt. Er war es schließlich auch, der Goppel als seinen Nachfolger vorschlug und darauf hinwies, dass für das Amt des Landrats von Aschaffenburg ein Mann nötig sei, der ruhig, sachlich und ohne Parteipolitik arbeiten könne. Nach der Diskussion im Kreistag, in deren Zuge kurioserweise sowohl SPD als auch KPD den Kaufmann Karl Fuß (CSU) unterstützten, setzte sich Goppel schließlich mit 25 von 38 Stimmen durch.

Goppels bisheriger Arbeitgeber, die Stadt Aschaffenburg, stellte ihn für die Dauer seiner Tätigkeit im Landratsamt vom Dienst frei. Er übernahm die Amtsgeschäfte auf Drängen der amerikanischen Militärbehörden gegenüber der Regierung von Unterfranken bereits nach wenigen Tagen. Der neue Landrat sollte möglichst rasch eingesetzt werden, um eine unmittelbar anstehende Bürgermeisterversammlung zu leiten, bei der es unter anderem um die Kartoffelversorgung des Landkreises ging. Als seine vordringlichsten Aufgaben formulierte Goppel selbst die Linderung der Wohnungsnot und die Flüchtlingsfrage.

Formal musste seiner Berufung zum Landrat jedoch erst noch das bayerische Innenministerium zustimmen. Da der Informationsaustausch telefonisch ablief, schlichen sich regelmäßig Hör- und Schreibfehler in die Niederschriften ein, was dazu führte, dass die amerikanische Militärbehörde, die Regierung von Unterfranken sowie das bayerische Innenministerium durchgehend über einen *»Dr. Oppel«* korrespondierten, bei dem es sich aber zweifelsfrei um Alfons Goppel handelte. Der Regierungspräsident von Unterfranken versicherte dem Innenministerium, dass Oberst Betz von der amerikanischen Militärregierung in Aschaffenburg sich *»100%-ig für Dr. Oppel«* verbürge. Die Angabe von dessen NSDAP-Mitgliedschaft ab 1937 wurde gleichwohl ebenfalls nach München weitergegeben. Aufgrund der gemachten Angaben wurde seitens des Innenministeriums schließlich am 23. Oktober der *»vorläufigen Einsetzung des Dr. Oppel unter dem Vorbehalt seiner eingehenden Überprüfung zugestimmt«*.

Dieser eingehenden Überprüfung hielt Goppel jedoch nicht stand. Innenminister Ankermüller versagte am 21. November 1947 die Genehmigung und beschied der Regierung von Unterfranken, dass der frisch gewählte Landrat *»mangels der nötigen pos[itiven] pol[itischen] Eigenschaften nicht den Erfordernissen der Anweisung des Amtes der Militärregierung für Bayern vom 2. Oktober 1946«* entspreche. Aus diesem Grund sei er nicht *»für das Amt eines Landrates, das eine besonders wichtige und führende Stellung im öffentlichen Leben darstellt«*, geeignet. Am 7. Januar 1948 wählte der Aschaffenburger Kreistag daher den unbelasteten Bäckermeister Willy Grömling zu Goppels Nachfolger als Landrat.

Die amerikanische Militärbehörde erklärte hinterher, grundsätzlich erhebe sie keinen Einwand gegen Personen, die durch die Spruchkammern als Mitläufer eingestuft worden seien. In Goppels konkretem Fall sei es jedoch nicht um dessen NSDAP-Parteimitgliedschaft gegangen. Die Ablehnung sei vielmehr *»in seinem allgemeinen damaligen Verhalten«* begründet gewesen. Aus den Akten der Militärbehörde ist der Grund für deren dramatischen Sinneswandel leider nicht ersichtlich.

Ebenso wenig geben die Protokolle des Kreistages oder der Spruchkammerakt Aufschluss darüber, was damit konkret gemeint war. Goppel konnte seine tiefe Enttäuschung über diese Vorgänge nur schlecht verhehlen. Einem Freund schrieb er einige Wochen später, seine Frau und er seien nicht böse über die verweigerte Bestätigung im Amt, wohl habe sie beide aber *»die Begründung mehr als geärgert«*.

4 Der steinige Weg in die Landespolitik

»Die Verantwortung des persönlichen Gewissens vor einem persönlichen Gott [...] hat sich auch im Atomzeitalter in keiner Weise geändert.«

ALFONS GOPPEL VOR DEM BAYERISCHEN LANDTAG, 1955

MORALISCHE FUNDAMENTE

In den unmittelbaren Nachkriegsjahren sollte Alfons Goppel sich intensiv mit der Staatstheorie sowie mit grundlegenden ethischen Fragen beschäftigen, die ihm ein moralisches Fundament für seine spätere politische Karriere schufen. Als politisch engagierter Katholik – er war während seiner Aschaffenburger Zeit intensiv in der Katholischen Aktion aktiv – hielt er in den späten 1940er- und frühen 1950er-Jahren zahlreiche Vorträge in der katholischen Erwachsenenbildung. Dies bot ihm abseits vom realpolitischen Tagesgeschäft und von den Sachzwängen späterer Wahlkämpfe reichlich Gelegenheit, sich tief mit den katholischen Staats-, Gesellschafts- und Soziallehren, also mit grundlegenden Fragen der Politik auseinanderzusetzen. Die Redemanuskripte dieser Zeit, als er noch in keiner politischen Verantwortung stand, verfasste er noch vollständig selbst, was sie besonders aufschlussreich macht. Seine theoretischen Erörterungen setzte er in die Praxis um, indem er sich *»aus christlicher und staatsbürgerlicher Verantwortung«* politisch engagierte.

Nach dem Ende der nationalsozialistischen Herrschaft war vielfach der Ruf nach einer Re-Christianisierung der Gesellschaft zu vernehmen, die aber schließlich nur in überschaubarem Maß eintreten sollte. In einem Vortrag mit dem Titel *»Der Christ und das öffentliche Leben«* aus dem Jahr 1946 plädierte Goppel für ein starkes gesellschaftliches Engagement von Christen. Er führte darin aus, viele Menschen stünden nach dem Zusammenbruch vor einer geistigen Leere, seien nun aber *»wieder auf Wanderschaft des Geistes«*. Dabei konstatierte er gleichwohl, dass sich letztlich nur wenige dem Glauben geöffnet hätten und viele unter diesen auch nur unter dem Eindruck des ersten Schreckens.

Weitere Vortragsthemen aus dieser Zeit, die er im Rahmen der katholischen Erwachsenenbildung hielt, lauteten *»Don Bosco, Erzieher der Jugend«*, *»Die Aufgabe der Christen in der Zeit«*, *»Die christliche Familie in der Zeit«* und *»Thomas Morus – Ein christlicher Staatsmann«*. Einige der Redemanuskripte geben hervorragenden Aufschluss über sein Verständnis des Verhältnisses von Religion und Politik. Für Goppel sollte politische Mitarbeit aus christlicher Verantwortung heraus erwachsen. Im Manuskript zum Vortrag *»Der Christ und das öffentliche Leben«* hielt er schon 1946 fest: *»Die wesenhafte Aufgabe des öffentlichen Lebens ist also Dienen.«*

Diese unter dem Eindruck der Nachkriegszeit gewonnene Erkenntnis sollte ihm fortan zum persönlichen Leitbild werden. Noch vor dem Beginn seiner politischen Karriere traf er damit eine Entscheidung für den Primat der Moral in der Politik und gegen Staatsräson und Machterhalt. Die im christlichen Glauben fundierte Motivation für politisches Engagement ist ganz ähnlich auch beim späteren Wirtschaftsminister Anton Jaumann zu finden, ebenso wie beim späteren bayerischen Ministerpräsidenten Hanns Seidel.

KOMMUNALPOLITISCHE ERFAHRUNGEN

Seit November 1946 war Alfons Goppel bei der Stadt Aschaffenburg angestellt. Mehr als ein Jahrzehnt lang sollte er dort tätig sein – was ihm die Möglichkeit bot, vielfältige Erfahrungen in der kommunalen Verwaltung zu sammeln. Zunächst war er als Rechtsrat und ab 1952 als Zweiter Bürgermeister und Stellvertreter des Oberbürgermeisters tätig. Aus der Stadtverwaltung schied er schließlich nach knapp elf Jahren aus, als ihn Ministerpräsident Hanns Seidel im Oktober 1957 zum Staatssekretär im Bayerischen Justizministerium ernannte.

Als Rechtsrat wirkte der zu Beginn seiner Tätigkeit 41-jährige Goppel am Wiederaufbau der Stadt Aschaffenburg mit. Seine Aufgabe war die juristische Beratung des Oberbürgermeisters, der Finanzverwaltung sowie des Wohlfahrts- und Fürsorgereferats. Im Laufe der Jahre leitete er zudem verschiedene Verwaltungsreferate. Seine Jahre als Referent für Flüchtlings- und

Der Einfluss des Thomas Morus

Goppels politische Grundhaltungen werden insbesondere in seinem Vortrag »*Thomas Morus – Ein christlicher Staatsmann*« deutlich. Diesen hielt er erstmals am Palmsonntag 1947 in Speyer, wiederholte ihn aber bei späteren Gelegenheiten noch mehrfach.

Der Humanist Thomas Morus war nicht nur ein bedeutender englischer Staatsmann und Jurist, sondern auch Katholik. Er wurde 1886 selig- und 1935 heiliggesprochen. Der von ihm im Jahr 1516 veröffentlichte Staatsroman »*Utopia*« wirkte mit seinen bürgerlichen, menschenfreundlichen Vorstellungen prägend, wenngleich er im Schatten des ungefähr gleichzeitig erschienenen, Machtmechanismen beschreibenden »*Il Principe*« von Nicolo Machiavelli stand. Morus' Persönlichkeit, sein Vorbild als christlicher Politiker und sein Werk beeindruckten Alfons Goppel so tief, dass er seinen 1947 geborenen fünften Sohn Thomas nach ihm benannte.

Im Redemanuskript appellierte Goppel angesichts der Erfahrung des Dritten Reiches mit Nachdruck für ein Politikverständnis, das nicht rein machiavellistisch als Kosten-Nutzen-Rechnung zu definieren sei. »*Nun haben die letzten Jahre gerade uns Deutschen mit erschreckender Klarheit gezeigt, wohin eine solche wertfreie Politik führt und zu welchem Verderben das Handeln nach dem Grundsatz führt ›Recht ist, was dem Volke nützt‹.*« Morus' humanistische Überzeugung war untrennbar mit seinem katholischen Glauben verwoben. Für Goppel musste Politik aus diesem Grund auch künftig zuallererst ein festes, im Glauben begründetes Wertefundament vorweisen: »*Es ist darum nicht verwunderlich, wenn man heute nach einer wertegebundenen Politik verlangt. Verwunderlich ist dabei nur, dass man nicht einsehen kann und will, dass der Abfall von Gott die Urwurzel jener sog. realpolitischen Haltung war.*«

Wohnungsfragen beschrieb er später als *»eine schwere Zeit«*. Die Wohnungsnot in der im Krieg schwer zerstörten Stadt war erschütternd. An den zwei Vormittagen in der Woche, in denen Goppel Parteiverkehr abhielt, wandten sich jeweils bis zu 200 Menschen an ihn. Noch im Jahr 1955 kamen jedoch auf 100 zu vergebende Wohnungen etwa 600 wohnungssuchende Familien, wie das *»Aschaffenburger Volksblatt«* berichtete.

Auf kommunaler Ebene kam Goppel mit den unterschiedlichsten politischen Themenfeldern in Berührung, die ihn auch später, als bayerischer Innenminister und als Ministerpräsident, maßgeblich beschäftigen sollten. Er leitete neben dem Aschaffenburger Wohnungsreferat auch dasjenige für Gewerbewesen sowie das für Schul- und Kulturangelegenheiten. Zudem wurde ihm die Aufgabe als Referent für Polizeiangelegenheiten übertragen. Ab November 1953 entsandte ihn die Stadt Aschaffenburg in den Arbeitskreis für Verwaltungsvereinfachung und Gemeindeverfassung beim Bayerischen Städtetag. Ebenso leitete er im Landgerichtsbezirk Aschaffenburg eine Arbeitsgemeinschaft von Rechtsreferendaren. Nachdem Goppel am 1. Februar 1948 durch den Stadtrat von Aschaffenburg auf Probe verbeamtet worden war, erhielt er die Verbeamtung auf Lebenszeit zum 1. April 1949.

Im Sommer 1949 wurde in Goppels Heimatstadt Regensburg eine Stelle als Rechtsrat ausgeschrieben. Seine abgesandte Bewerbung auf diese Position hatte Erfolg, sorgte aber gleichsam für massive Proteste. Die SPD kritisierte die Wahl und stellte fest, Goppel habe sich als einziger Bewerber auf seine früheren BVP-Aktivitäten bezogen, während gleichzeitig kein anderer der insgesamt 50 Anwärter auf die Rechtsratsstelle der SPD nahestand. In der Stadtratssitzung vom 7. Oktober 1949 wurde er dennoch mit den Stimmen der CSU und der Bayernpartei gegen 14 Stimmen und eine Enthaltung gewählt.

Da er die Erfüllung der ihm zugedachten Aufgaben nur mit der breiten Unterstützung des Regensburger Stadtrates für realisierbar erachtete, lehnte er die Berufung in die Stadtverwaltung am 19. Oktober 1949 jedoch schließlich ab – eine Woche nach der Mitteilung seiner Wahl. Der als Ersatz gewählte

Rechtsrat konnte letztlich alle Stimmen des Stadtrates auf sich vereinigen. Der Entschluss gegen die Rückkehr in seine Heimatstadt fiel Alfons Goppel nicht leicht, da er damit sowohl politische als auch persönliche Freunde enttäuschte. Das letzte Wort in dieser Sache stand jedoch noch aus, denn sechs Jahre später sollte er als Oberbürgermeister von Regensburg ins Gespräch gebracht werden.

ERSTE LANDTAGSKANDIDATUR

Die Landtagswahl am 26. November 1950 bot die Bühne für Alfons Goppels nächsten Versuch, in politische Verantwortung gewählt zu werden. Für einen Erfolg bei den Landtagswahlen, so hatten der CSU-Parteivorsitzende Ehard und der junge CSU-Generalsekretär Franz Josef Strauß bereits im Sommer 1950 im Landesvorstand der Partei argumentiert, sei *»die innere Kräftigung und Aktivierung der Partei [...] die erste und dringlichste Voraussetzung«*. Um der Überalterung der Partei entgegenzuwirken und um verkrustete Strukturen aufzubrechen, sollte die Kandidatenaufstellung klaren Kriterien folgen: Aktivität, persönliches Gewicht im Wahlkreis, ein kämpferischer Geist sowie ein offenes Bekenntnis zu den Werten der Partei.

Der Stimmkreisverband Aschaffenburg Stadt und Land nominierte Goppel jedoch nicht direkt. Erst nachdem der ursprünglich vorgesehene Kandidat Willy Grömling von seiner Nominierung Abstand nahm, war der Weg frei. Der gesundheitlich angeschlagene Grömling, der 1948 anstelle von Goppel zum Landrat von Aschaffenburg gewählt worden war, befürchtete im Hinblick auf den Wahlkampf eine zu große Doppelbelastung. Bei der anschließenden Delegiertenversammlung trat der Bürgermeister der Gemeinde Glattbach als Gegenkandidat Goppels an. Letzterer setzte sich jedoch schließlich mit einer Mehrheit von zwei Dritteln gegen seinen Konkurrenten durch und war somit zum Stimmkreisbewerber der CSU für Aschaffenburg nominiert.

Goppels gewichtigster Gegenkandidat bei der bayerischen Landtagswahl war der Aschaffenburger Buchdruckereibesitzer Jean Stock, der für die SPD antrat. Dieser war nicht nur eine lokale Größe, sondern wies als SPD-Fraktionsvorsitzender im Landtag landesweite Bekanntheit auf. Goppels Wahlergebnis von 38,6 % war höchst respektabel. Mit 35 085 Stimmen im Kreis Aschaffenburg Stadt und Land unterlag er seinem Gegner Stock jedoch denkbar knapp um gerade einmal 109 Stimmen.

Landesweit erzielte die regierende CSU mit nur 27,4 % der Stimmen das schlechteste Wahlergebnis ihrer Geschichte und verlor im Vergleich zur letzten Wahl fast 25 %. Goppels Ergebnis als Aschaffenburger CSU-Kandidat lag, dem landesweiten Trend entsprechend, deutlich unter dem Ergebnis der Wahl von 1946. Zu seinem Unmut rangierte er als Stimmkreisbewerber in Aschaffenburg nur auf Platz 17 des unterfränkischen Wahlkreisvorschlages der CSU. Über die Liste konnte er daher ebenfalls nicht in den Landtag einziehen. Seine mangelnde Absicherung durch die Bezirkspartei beschrieb er später als *»kennzeichnend für die Situation«*.

Die SPD erreichte landesweit 28,0 % und wurde erstmals stärkste Partei, wenngleich die CSU am Ende aufgrund von Überhangmandaten mit 64 Abgeordneten einen mehr als die Sozialdemokraten stellte. Die Verluste der CSU waren durch die Spaltung des bürgerlichen Lagers zustande gekommen: Die Bayernpartei hatte mit einem Ergebnis von 17,9 % die größten Gewinne zu verzeichnen, der Block der Heimatvertriebenen und Entrechteten (BHE) kam auf 12,3 %. Letztlich einigte man sich im Nachgang dieser zweiten bayerischen Landtagswahl auf eine CSU/SPD/BHE-Koalition. Dieser Großen Koalition – es sollte die erste in der Geschichte der Bundesrepublik Deutschland sein – wurde keine allzu lange Überlebensdauer zugetraut. Dennoch sollte das Regierungsbündnis unter Ministerpräsident Hans Ehard (CSU) bis zum Ende der Legislaturperiode Bestand haben.

OBERBÜRGERMEISTER-KANDIDATUR IN ASCHAFFENBURG

Alfons Goppel sprach im Rückblick davon, dass es immer sein Wunsch gewesen sei, der *»Chef einer Stadt«* zu werden. Im Frühjahr 1952 standen in Bayern die Kommunal- und Oberbürgermeisterwahlen an. Für den 46-jährigen Aschaffenburger Rechtsrat sollten sich damit zwei gesonderte Möglichkeiten ergeben, sein Ziel zu realisieren: Zunächst erreichte ihn ein Angebot der CSU aus dem unterfränkischen Kurort Bad Kissingen, als Oberbürgermeister zu kandidieren. Der dortige Amtsinhaber wollte aus Altersgründen nicht mehr aufgestellt werden und eine Kandidatur schien angesichts der politischen Verhältnisse äußerst aussichtsreich. Nachdem Goppel sich vor Ort ein Bild gemacht und sich mit den dortigen Entscheidungsträgern verständigt hatte, regte sich jedoch Widerstand seiner Parteifreunde in Aschaffenburg. Dort stand nach heftigen internen Querelen kein Kandidat zur Verfügung: Der bisherige Amtsinhaber Dr. Vinzenz Schwind (CSU), der die Stadt seit 1945 regierte, hatte sich mit seiner Partei überworfen und war nicht mehr als Oberbürgermeisterkandidat nominiert worden. Die Aschaffenburger CSU appellierte daher an Goppel, er könne sie *»jetzt doch nicht im Stich lassen«*.

Schwind wiederum zog sich nicht einfach zurück, sondern gründete eine konkurrierende *»Überparteiliche Einheitsliste«*. Goppel habe, wie er später schilderte, eine Kandidatur gegen seinen Vorgesetzten im Rathaus eigentlich vermeiden wollen. Zudem erschien ihm das parallele Angebot aus Bad Kissingen aussichtsreicher als eine Kandidatur in Aschaffenburg. Dennoch ließ er sich überreden, schließlich doch für die heimatliche CSU in den Oberbürgermeisterwahlkampf zu ziehen. Wenngleich noch zwei weitere Kandidaten zur Wahl standen, spielte sich der Kern der politischen Auseinandersetzung zwischen ihm und dem Amtsinhaber Schwind ab.

Die Aschaffenburger CSU warb für ihren Kandidaten als einen Mann mit *»erprobtem Fachwissen, mit Herz und sozialem Verständnis, mit ehrlicher politischer Überzeugung und mit christlichem Bekennermut«*. Auch der bayerische Wirtschaftsminister Hanns Seidel, der aus Aschaffenburg stammte und Goppel bereits früher gefördert hatte, setzte sich für den ambitionierten Herausforderer ein. Seitens der CSU wurde nichts unversucht gelassen, um ihn gegenüber dem Amtsinhaber zu positionieren. Ein durch Aschaffenburg fahrender

Lautsprecherwagen musste jedoch kurzerhand umkehren, da diese offensive Art der Wahlpropaganda in der Bevölkerung auf Unverständnis stieß. Der zwischen Goppel und Schwind teilweise hart und persönlich geführte Wahlkampf »*hinterließ manche Blessuren*«.

Der Wahltag am 30. März 1952 geriet für Alfons Goppel jedoch zu einer herben Enttäuschung. Schwind erreichte auf Anhieb 56,5 % der Stimmen und damit eine klare absolute Mehrheit. Sicherlich spielte hierbei der mit dem Amtsbonus einhergehende höhere Bekanntheitsgrad eine Rolle. Goppel kam in der Wählergunst der Aschaffenburger lediglich auf 30,8 %. Die CSU jedoch schnitt bei den gleichzeitig abgehaltenen Stadtratswahlen deutlich besser ab als ihr Oberbürgermeisterkandidat und wurde mit 37,35 % mit großem Abstand vor der SPD, die 26,34 % erreichte, stärkste Partei. Die Überparteiliche Liste von Oberbürgermeister Schwind konnte mit 23,29 % hingegen nicht einmal die Hälfte des Ergebnisses ihres Spitzenkandidaten erzielen. Goppel zog damit immerhin über die Liste als einer von nunmehr zwölf Abgeordneten der CSU in den Stadtrat ein. Die SPD erhielt neun Mandate, während Schwinds Überparteiliche Liste acht Stadträte stellte.

Die konstituierende Sitzung des Aschaffenburger Stadtrates wählte am 12. Mai 1952 Goppel sowie den SPD-Stadtrat Bernhard Junker zu hauptamtlichen Bürgermeistern, die den Oberbürgermeister vertraten. Auf sein Referat sowie seine sonstigen Ämter verzichtete Goppel mit seiner Wahl. Da jedoch gesetzlich nicht ausdrücklich geregelt war, wie viele berufsmäßige Bürgermeister nach der Gemeindeordnung überhaupt zulässig waren, kam es zu einer verwaltungsgerichtlichen Auseinandersetzung der Stadt mit der Regierung von Unterfranken. In letzter Instanz bestätigte der Bayerische Verwaltungsgerichtshof in München fast drei Jahre nach dem Aschaffenburger Stadtratsbeschluss dessen Gültigkeit. Nach den Kommunalwahlen von 1956 wurden Goppel und Junker durch den Stadtrat erneut zu hauptamtlichen Bürgermeistern ernannt.

Problematischer als diese juristischen Streitigkeiten sollte sich jedoch die Situation in Aschaffenburg selbst gestalten:

Goppels Beziehung zur politischen Stadtspitze war ab 1952 dauerhaft beschädigt und seine Zusammenarbeit mit Teilen seiner eigenen Partei in Aschaffenburg gestaltete sich als schwierig. Die *»schier unheilbar zerrütteten Verhältnisse zwischen dem Oberbürgermeister Dr. Schwind«* und Goppel sorgten ebenfalls für Frustration. Noch im hohen Alter bemerkte Letzterer mit trotzigem Stolz, dass er die Stadt als Ministerpräsident nie offiziell besucht habe.

Die atmosphärischen Störungen führten dazu, dass Goppel in den Jahren 1952 und 1953 verschiedentlich versuchte, sich beruflich aus Aschaffenburg wegzuorientieren – was ihm jedoch vorerst nicht gelingen sollte. Zu seiner Enttäuschung scheiterten zahlreiche Bewerbungen, etwa für eine Anstellung bei einem bayerischen und einem bundesdeutschen kommunalpolitischen Spitzenverband oder auch für einen Wechsel als Ministerialrat in den Bundesdienst.

EINZUG IN DEN BAYERISCHEN LANDTAG

Nachdem Alfons Goppels erste Kandidatur für ein Abgeordnetenmandat im Jahr 1950 knapp gescheitert war, wagte er vier Jahre später einen neuen Anlauf. Die Voraussetzungen bei der Landtagswahl am 28. November 1954 waren ungleich besser: Durch seine Oberbürgermeisterkandidatur im Jahr 1952 und seine Tätigkeit als Zweiter Bürgermeister konnte er diesmal einen weit höheren Bekanntheitswert vorweisen. Durch die Delegierten der CSU Aschaffenburg Stadt und Land wurde er zwar einstimmig zum Stimmkreiskandidaten nominiert, jedoch war er wiederum nicht über die Liste der unterfränkischen CSU abgesichert. Daher war der Einzug ins Maximilianeum, ebenso wie vier Jahre zuvor, nur mittels eines Wahlsiegs gegen den populären sozialdemokratischen Gegenkandidaten Jean Stock möglich.

Das Wahlplakat der Aschaffenburger CSU für Goppel titelte, ihr Landtagskandidat betätige sich *»aus christlicher und staatsbürgerlicher Verantwortung«* auf der politischen Bühne. Der 49-Jährige erklärte drei Tage vor der Wahl gegenüber der Tageszeitung *»Main-Echo«*, nachdem er den Krieg überlebt und zu seiner Familie heimgekehrt sei, empfinde er die Verpflichtung, sich dem gesellschaftlichen, wirtschaftlichen, kulturellen und politischen Aufbau zur Verfügung zu stellen. Der *»Dienst am Menschen«* sei für ihn Ziel und Sinn aller Politik. In abgewandelter Form findet sich dieser Leitgedanke bei Goppel später häufig wieder, etwa in seiner ersten Regierungserklärung als Ministerpräsident im Jahr 1962.

Obwohl die SPD und das BHE prominente Redner in den Wahlkampf am Untermain entsandten, blieb Goppel bei seinen Bemühungen um gewichtige Unterstützer aus den Reihen seiner eigenen Partei erfolglos. Die bekanntesten unterfränkischen Abgeordneten Hanns Seidel – seit 1947 bayerischer Wirtschaftsminister – und Willi Ankermüller – bis 1950 bayerischer Innenminister – waren kaum in ihrer Heimat präsent. Zunächst war ein Wahlkampfauftritt des bayerischen Ministerpräsidenten Hans Ehard in Aschaffenburg versprochen worden, und Goppel war umso enttäuschter, als sich dies nicht realisieren ließ. Dem Regierungschef teilte er brieflich mit, sein Wunsch nach dessen Auftritt sei der Notwendigkeit entsprungen, den bei der letzten Wahl verloren gegangenen Aschaffenburger Stimmkreis zurückzugewinnen. Dies solle nicht *»als das allgemeine hysterische Verlangen nach Rednerprominenz«* missverstanden werden.

Dennoch gelang es Goppel, die Wahl am 28. November 1954 für sich zu entscheiden und als Abgeordneter von Aschaffenburg Stadt und Land in den Bayerischen Landtag einzuziehen. Damit stellte er die Weichen für die kommenden Jahrzehnte, die er nicht in der Kommunal- sondern in der Landespolitik verbringen sollte. Mit 43,3 % der Stimmen ließ er seinen SPD-Kontrahenten Stock, der 36,9 % erzielte, diesmal deutlich hinter sich. Landesweit verbesserte sich die CSU gegenüber der letzten Wahl um zehn Prozentpunkte auf passable 38 %. Die SPD kam währenddessen auf stabile 28,1 %, die FDP gewann ebenfalls knapp hinzu und erzielte 7,2 %. Die Bayernpartei und der GB/BHE landeten nach deutlichen Verlusten bei nur noch 13,2 bzw. 10,2 %.

Knapp drei Wochen vor der Wahl hatte Ministerpräsident Ehard (CSU) noch selbstzufrieden die vermeintliche Entwicklung hin zum Zweiparteiensystem konstatiert und während einer Fraktionssitzung großspurig verlautbart: *»Der ganze Kleinkram stört nur die Politik der beiden großen Parteien.«* Man kann es getrost eine Ironie des Schicksals nennen, dass ausgerechnet die kleineren Parteien nur wenig später im vielleicht spannendsten Koalitionspoker mitmischten, den Bayern je erleben sollte. Schien zunächst die Fortführung der Koalition aus CSU und SPD die realistischste Variante, so wendete sich das Blatt in den kommenden Wochen mehrfach. Denkbar waren ebenfalls eine bürgerlich-konservative Regierung aus CSU, Bayernpartei und GB/BHE, respektive ein Bündnis aus CSU, Bayernpartei und FDP.

Die zumindest rechnerisch mögliche Variante einer SPD-geführten Regierungskoalition mit den kleineren bürgerlichen Parteien erschien – zumindest den führenden CSU-Politikern – völlig utopisch. Nach zähen Verhandlungen, unglücklichen Äußerungen der CSU im Hinblick auf das umstrittene Thema der konfessionellen Lehrerbildung und mehrfachen Wendungen stand jedoch zwei Wochen nach der Landtagswahl fest, dass die Parteienkonkurrenz ohne die CSU plante. Die bayerische SPD konnte für das spektakuläre Regierungsbündnis der so genannten *»Viererkoalition«*, der Wilhelm Hoegner künftig als Ministerpräsident vorstehen sollte, nicht nur die Bayernpartei, sondern auch die FDP und den GB/BHE gewinnen.

Obwohl der Parlamentsneuling Goppel mit 82 weiteren CSU-Abgeordneten der mit Abstand stärksten Fraktion des Bayerischen Landtags angehörte, fand er sich also vorerst auf der Oppositionsbank wieder. Als Abgeordneter war er nicht nur ein Mitglied seiner Fraktion, sondern direkt für die verschiedensten, teils sehr persönlichen Anliegen der Bürgerinnen und Bürger seines Wahlkreises zuständig. Er brachte mitunter Themen von hoher lokaler Bedeutung vor das Landtagsplenum, etwa den Wiederaufbau des Aschaffenburger Schlosses Johannisburg.

Goppel wurde am 12. Januar 1955 Mitglied im Landtagsausschuss für kulturpolitische Angelegenheiten, tags darauf des Ausschusses für Verfassungs- und Rechtsfragen. Insbesondere bei den kulturpolitischen Themen engagierte er sich stark. Diesen kam ohnehin eine besondere Rolle zu, da die von der Regierungskoalition angestrebten und von Hoegner in den Mittelpunkt seiner Regierungserklärung gestellten Reformen, insbesondere die Neuordnung der bayerischen Lehrerbildung, für die CSU unannehmbar waren. Goppel machte sich in der Schulpolitik mit großer Sachkenntnis rasch einen Namen. Von seiner Partei wurde er als Verbindungsmann zum kulturpolitischen Ausschuss der CDU eingesetzt. Da ein solches Gremium in der CSU fehlte, wurde – unter der Federführung des Fraktionsvorsitzenden Georg Meixner sowie Alfons Goppels – der kulturpolitische Arbeitskreis der CSU-Fraktion ins Leben gerufen.

In den Jahren 1954 und 1955 wurde Goppel zum oppositionellen Hauptkritiker des umkämpften Lehrerbildungsgesetzes. Wenngleich die CSU die Verabschiedung der Reform nicht verhindern konnte, deren Umsetzung dann später am Widerstand der Katholischen Kirche scheiterte, geriet die zweite Lesung der Gesetzesnovelle im Landtagsplenum am 14. Juli 1955 zu seiner großen Bühne. Sein Plädoyer für die Beibehaltung der konfessionsgebundenen Lehrerbildung zielte darauf ab, dass der Mensch einen festen Standpunkt, einen ruhenden Pol benötige, *»und dieser ruhige Pol kann einzig und allein nur die seit zwei Jahrtausenden und darüber hinaus geltende Richtschnur sein, die festgelegt ist auch und gerade in den christlichen Bekenntnissen; denn ob Atomspaltung oder nicht, ob Kernspaltung oder nicht, ob rastlos sich ändernde Zeit, die Verantwortung des persönlichen Gewissens vor einem persönlichen Gott [...] hat sich auch im Atomzeitalter in keiner Weise geändert.«* Letztlich beugte er sich trotz dieser Überzeugung 13 Jahre später – im Amt des Ministerpräsidenten – höchst widerwillig den Plänen zur Abschaffung der Bekenntnisschule.

Die Modernisierung der CSU
Die Bildung der Vierkoalition aus SPD, Bayernpartei, GB/BHE und FDP im Dezember 1954 bedeutete für die CSU den völlig unerwarteten Gang in die Opposition und zog parteiinterne Querelen nach sich. Nachdem die

SPD dem erzkonservativen Alois Hundhammer die Wiederwahl als Parlamentspräsident versagt hatte, ließ sich an dessen Stelle der abgewählte Regierungschef Hans Ehard in ebendieses Amt wählen. Dies sorgte in Teilen der CSU für weiteren Unmut, zumal diesem ohnehin unterstellt wurde, seine Verhandlungsführung gegenüber der Bayernpartei habe die Bildung der Viererkoalition überhaupt erst ermöglicht. Ehard trat daraufhin resigniert von seinem Amt als CSU-Parteivorsitzender zurück, wenngleich dieser Schritt öffentlich mit der überparteilichen Präsidentenfunktion begründet wurde.

An seine Stelle trat der liberal-konservative Hanns Seidel. Dieser hatte sich in einer außerordentlichen CSU-Landesversammlung am 22. Januar 1955 in einer Kampfabstimmung mit 380 zu 239 Stimmen klar gegen Franz Josef Strauß, den Bundesminister für besondere Aufgaben, durchgesetzt. Nicht nur der Unterfranke Seidel verkörperte einen neuen Typus von Parteichef, auch die erweiterte Führungsriege der CSU um Franz Josef Strauß und Generalsekretär Friedrich Zimmermann bestand aus Vertretern einer neuen Generation. Der CSU gelang damit endlich der Abschied von der Honoratiorenpartei.

Seidel vermochte es dank seiner ruhigen, moderierenden und offenen Art, die heftigen Richtungskämpfe zwischen dem liberalen und dem konservativen Flügel der Partei einzudämmen. Als Vorsitzender der CSU trieb er mit Nachdruck deren organisationspolitische Modernisierung, programmatische Öffnung und personelle Erneuerung voran. Die CSU-Landesgruppe sowie die Landtagsfraktion wurden von Seidel aktiv in den Erneuerungsprozess eingebunden. Auch auf den lokalen Verbandsebenen der Partei wurden Neuerungen durchgesetzt, was durch die einfachen Mitglieder honoriert wurde und der CSU zu mehr Sichtbarkeit vor Ort verhalf. Im Landtag bemühte sich Seidel zudem als Sprecher der CSU-Landtagsfraktion um eine sachliche, unnachgiebige, aber dennoch stets faire Oppositionspolitik.

Sein langfristiges und konzeptionelles Denken wird auch im 1957 verabschiedeten neuen Grundsatzprogramm der Partei deutlich, in dem erstmals deren in späteren Jahren so typische Mischung aus Fortschritt und Traditionsgebundenheit zum Vorschein kommt.
Die Zeit in der Opposition bedeutete für die CSU somit eine einschneidende Zäsur. Der Politikwissenschaftler Alf Mintzel analysierte, mit der Wahl Seidels zum Parteichef habe *»ein mehr oder weniger planmäßig aus dem Generalsekretariat der CSU heraus gesteuerter Umwandlungsprozess zu einer ›Massen- und Apparatepartei modernen Typs‹«* begonnen. Erst ab dieser Stufe ihrer Entwicklung sei die CSU in die Lage versetzt worden, *»eine hegemoniale Stellung im politischen Leben Bayerns«* zu gewinnen – was ihr ab Mitte der 1960er-Jahre unter Ministerpräsident Alfons Goppel gelingen sollte.

OBERBÜRGERMEISTER-KANDIDATUR IN WÜRZBURG

Das zerrüttete Verhältnis Goppels zur Aschaffenburger Stadtspitze sorgte auch nach dessen Wahl in den Bayerischen Landtag für diverse Enttäuschungen. Die Suche nach beruflichen Alternativen blieb daher ein bestimmendes Thema – und wiederum erhielt er verschiedene Angebote, für das Amt des Oberbürgermeisters einer Stadt zu kandidieren. Zunächst wurden im Jahr 1955 auf Betreiben der Katholischen Aktion in Regensburg vertrauliche Gespräche bezüglich einer möglichen Oberbürgermeister-Kandidatur in Goppels Heimatstadt abgehalten. Da sich der amtierende Oberbürgermeister doch noch ein weiteres Mal zur Wahl stellte, kam es allerdings nicht dazu.

Zu einer erneuten Oberbürgermeisterkandidatur sollte es jedoch – nach seinem Scheitern in Aschaffenburg im Jahr 1952 – schließlich 1956 in Würzburg kommen. Als Kandidat der CSU war zwar zunächst der dortige Stadtkämmerer Dr. Helmuth Zimmerer im Gespräch gewesen; dieser vermochte sich aber bei der Nominierungsversammlung nicht durchzusetzen. Alfons Goppel konnte die Unterstützung des CSU-Landesvorsit-

Plakatwerbung pro und kontra Goppel im Würzburger Oberbürgermeisterwahlkampf 1956

zenden Seidel für sich reklamieren und setzte sich letztlich klar durch. Ein Teil der selbstbewussten Würzburger CSU blieb dennoch skeptisch gegenüber dem ortsfremden Kandidaten.

Überraschend und entgegen getätigter Zusagen fand eine Kandidatur des parteilosen Fachmannes Zimmerer im Nachgang der CSU-Nominierung die Unterstützung aller anderen Parteien vor Ort – der Freien Wählergemeinschaft Würzburg, der SPD, dem BHE, der FDP, der Bayernpartei sowie der Gruppe der Würzburger Ausgebombten und Evakuierten. Wie schon im Fall seiner Aschaffenburger Kandidatur hatte Goppel also, obwohl es zunächst nicht danach ausgesehen hatte, einen ernst zu nehmenden Mitbewerber im Rennen um das Amt des Oberbürgermeisters.

Rückblickend erklärte Goppel, er habe *»keinen Wahlkampf so kenntnisreich, bewusst den Verhältnissen angepasst, geführt, wie den '56 in Würzburg«*. Dennoch hatte der 50-jährige Landtagsneuling erneut harte und persönliche Auseinandersetzungen zu führen. In einem späteren Interview sprach er von den

Schwierigkeiten, mit denen er als Zugereister, der aus Altbayern stammte, mit einer Norddeutschen verheiratet und seit Jahren in der Aschaffenburger Stadtverwaltung tätig war, in Würzburg fertig werden musste. Auf Plakaten wurden die Bürger der Stadt schließlich vor Goppel gewarnt: *»Wählt keinen Fremden, den ihr nicht kennt.«* Die *»Main-Post«* stieß ins selbe Horn, als sie am 30. Juni 1956 über Goppels Kontrahenten schrieb: *»Seine enge Vertrautheit mit den [...] Aufgaben des Wiederaufbaus, seine ins Einzelne gehende Kenntnis der örtlichen Verhältnisse und seine unersetzlichen Erfahrungen geben Dr. Zimmerer einen unbestreitbaren Vorrang gegenüber jedem auswärtigen Bewerber, der erst Jahre der Einarbeitung bedürfte.«*

Das schlagkräftigste Argument gegen Goppel war jedoch dessen Landtagsmandat, das er zwei Jahre zuvor erobert hatte. Zwar hatte er der Würzburger CSU – wenn auch zögerlich – im Juni 1956 wie gefordert zugesichert, im Falle seiner Wahl zum Oberbürgermeister auf seinen Sitz im Maximilianeum zu verzichten. In den folgenden Monaten kam es in dieser Frage jedoch zu einem vollständigen Sinneswandel. Goppel, der angesichts dramatischer parteiinterner Querelen sowohl in Aschaffenburg als auch in Würzburg zwischenzeitlich sogar überlegt hatte, seine Kandidatur zurückzuziehen, verkündete Mitte September öffentlich, die Vorteile seines Landtagsmandats für die Ausübung des Oberbürgermeisteramts überwögen dessen Nachteile.

Vor allem in der Endphase des Wahlkampfs konzentrierten sich seine politischen Gegner darauf, Goppel im Fall seiner Wahl als *»Wochenendbürgermeister«* darzustellen, für den die Anliegen der Aschaffenburger wichtiger wären als diejenigen der Würzburger. Ein Wahlplakat mit dem Titel *»Angsttraum«* (s. S. 71) warnte vor diesem Hintergrund vor ihm. Darauf war eine Illustration mehrerer Bürger zu sehen, die ihre Gesuche vorbringen wollten, aber vor dem verschlossenen Büro des Würzburger Oberbürgermeisters standen – teils verärgert, teils verzweifelt, teils erstaunt. An der Tür des Sprechzimmers prangte ein Schild mit der Aufschrift: *»Montag mit Freitag keine Sprechstunde. Bin im Landtag.«* Unterschrieben war das Plakat mit dem Wahlaufruf für Zimmerer, der den Würzburgern seine Zeit und Kraft ungeteilt zur Verfügung stellen werde.

Die Angriffe auf Goppel konzentrierten sich bald auch auf sein Engagement in der Katholischen Aktion. Protestantische Kreise zweifelten nun an, ob er sich in ausreichendem Maße für ihre Interessen einsetzen werde. Dies führte dazu, dass sowohl Rudolf Eberhard, der führende Protestant innerhalb der CSU, der als Finanzexperte im Landtag saß, als auch der CSU-Parteivorsitzende Seidel sich im Würzburger Wahlkampf für Goppel verbürgen mussten. Gegenüber dem *»Aschaffenburger Volksblatt«* fühlte Goppel sich bemüßigt, seine Position klarzustellen: *»Ich weiß, man redet mir Verschiedenes nach, man hat mich schon als ›Hundhammer‹ bezeichnet. Ich möchte, so wie ich selbst meine eigene religiöse Weltanschauung habe und praktiziere, genau das gleiche Recht für andere Menschen haben, die andere religiöse Weltanschauungen besitzen.«*

Selbst die empfindliche Wahlniederlage in Aschaffenburg vier Jahre zuvor wurde mit dem Slogan *»Was die Ascheberger net habbe wolle, müsse mir net habbe«* ausgeschlachtet. Vor dem Hintergrund der Attacken bedauerte Goppel kurz vor dem Wahltag, dass der Wahlkampf, der in den Worten der Presse angesichts von Versammlungen, Plakaten, Flugzetteln, Zeitungsanzeigen und Lautsprecherwagen *»amerikanische Verhältnisse«* angenommen habe, *»nunmehr so heftig geworden ist und auch ins Persönliche ausartet«*. In Aschaffenburg hatte er dieselbe Situation bereits erlebt und versicherte daher, er werde als Oberbürgermeister niemanden von der künftigen Mitarbeit ausschließen, insbesondere, da er *»das Gegenteil bitter in den letzten vier Jahren am eigenen Leib erfahren musste«*.

Die Würzburger Oberbürgermeisterwahl am 30. September 1956 erlebte eine hohe Mobilisierung – und endete für Alfons Goppel einen Tag vor seinem 51. Geburtstag erneut in einer bitteren Niederlage. Bei einer Wahlbeteiligung von 73 % erhielt Zimmerer 57,2 % der Stimmen und setzte sich klar gegen seinen Konkurrenten durch, der 42,8 % der Stimmen für sich gewinnen konnte. Resigniert und menschlich enttäuscht erklärte der Wahlverlierer hinterher, er werde sich künftig nicht, wie gerüchteweise zu hören war, in Regensburg oder Bamberg um das Amt des Oberbürgermeisters bemühen. Als Mitglied des Rechts- und Verfassungsausschusses im Landtag trat er zurück, um sich etwas Luft zu verschaffen – blieb aber Mitglied des kulturpolitischen Ausschusses.

Rückblickend hatten die herben Niederlagen in den Oberbürgermeisterwahlen in Aschaffenburg und Würzburg, die er in den Jahren 1952 bis 1956 erleben musste, auch ihr Gutes: Einen Ministerpräsidenten Goppel hätte es wohl kaum gegeben, wenn der Sprung an die Spitze einer Stadt geglückt wäre. Die durch die Kandidaturen erreichte überregionale Bekanntheit kam ihm jedoch später ebenso zugute wie die durch sein Landtagsmandat erlangte starke inhaltliche Profilierung – was zusammengenommen den Weg für seinen rasanten Aufstieg der nachfolgenden Jahre ebnete.

Der Würzburger Bischof Julius Döpfner, ein persönlicher Freund Goppels, riet diesem in den Tagen nach der Wahlniederlage in einem Brief geradezu prophetisch dazu, unbeirrt fortzufahren: *»Geh deinen Weg in innerer Ruhe weiter. Der Herr liebt dich sicherlich besonders, weil er dir immer wieder solche Prüfungen schickt. Er hat eben anderes mit dir vor und bereitet dich dazu. Dass du nach seinen Absichten noch Großes wirken darfst, ist mir gewiss.«*

5 In Regierungsverantwortung

»Es war mir eine große Freude, [...] durch Ihr Vertrauen an die Spitze dieser vielseitigsten aller Verwaltungen berufen zu werden.«

HAUSHALTSREDE DES INNENMINISTERS ALFONS GOPPEL, 1959

STAATSSEKRETÄR IM JUSTIZMINISTERIUM

Die in Bayern seit 1954 regierende *»Viererkoalition«* aus SPD, Bayernpartei, GB/BHE und FPD unter Ministerpräsident Wilhelm Hoegner brach noch vor Ende der Legislaturperiode auseinander. Nachdem die Unionsparteien bei der Bundestagswahl von 1957 triumphal gesiegt hatten, wuchsen die Spannungen zwischen den ungleichen Regierungspartnern in Bayern – und schließlich zerfiel das Bündnis ebenso überraschend, wie es sich gebildet hatte. Nach geheimen Sondierungen der CSU mit potentiellen Koalitionspartnern kam es zunächst zum Austritt des GB/BHE aus der Viererregierung, dann zur Kündigung der Regierungskoalition durch die Bayernpartei und schließlich am 8. Oktober 1957 zum Rücktritt des menschlich schwer enttäuschten SPD-Ministerpräsidenten Hoegner.

Bereits eine Woche später, am 16. Oktober 1957, wählte der Landtag Hanns Seidel zum neuen Ministerpräsidenten. Diese Personalie war nicht weiter überraschend, da dieser sich in der Opposition als Fraktionssprecher einen Namen gemacht hatte und zudem seit 1955 auch den CSU-Vorsitz innehatte. Unter der Leitung dieses Vertreters des liberalen Flügels der Partei begannen die längst überfällige Modernisierung der CSU und deren organisatorischer Ausbau. In dieser Zeit setzte auch ein starker Mitgliederzuwachs ein. Seidel war es zudem mit seiner sachlichen Art gelungen, den in der Kultur- und Föderalismuspolitik teils erzkonservativen Parteiflügel um Alois Hundhammer zu dämpfen.

Die Zusammensetzung der neuen Regierung überraschte hingegen durchaus. Der neue Ministerpräsident stand einer bürgerlichen Koalition aus CSU, GB/BHE und FPD vor, welche über eine Mehrheit von 115 der 204 Sitze im Landtag verfügte. Die Bayernpartei trat ebenso wie die SPD den Gang in die Opposition an. Im Fall der Bayernpartei hatte dies mit persönlichen Vorbehalten Seidels zu tun, der bemerkte, *»es bedürfe großer Überwindung, mit Leuten solchen Schlages zusammenzuarbeiten«*. Das Kabinett zählte neben dem aus Aschaffenburg stammenden Ministerpräsidenten noch fünf weitere fränkische Mitglieder. Die CSU stellte dabei fünf Minister und drei Staatssekretäre, der GB/BHE einen Minister und zwei Staatssekretäre und die FPD erhielt einen Minister und einen Staatssekretär.

Die personelle Besetzung des Kabinetts war alles andere als einfach. Insbesondere der Posten des Kultusministers war umstritten und wurde schließlich mit dem Staatsrechtler Theodor Maunz besetzt. Eine weitere Personalie barg großes Streitpotential: Alois Hundhammer, der für die CSU bis 1950 das Kultusministerium geleitet hatte, erhielt nunmehr das weniger konfliktträchtige Landwirtschaftsministerium. Bundesverteidigungsminister Franz Josef Strauß zählte ihn seit dem Sommer 1957 zu seinen Intimfeinden, konnte jedoch – trotz Drohungen – dessen erneute Berufung ins bayerische Kabinett nicht verhindern.

Das bayerische Justizministerium sollte nach den Wünschen Hanns Seidels schließlich mit Willi Ankermüller besetzt werden. Als Staatssekretär unter Letzterem wurde nun Alfons Goppel als Impulsgeber ins Spiel gebracht. Der überraschende Vorschlag Seidels, den schon bei früherer Gelegenheit durch ihn geförderten Parlamentsneuling ins Kabinett zu holen, fand in der Fraktionssitzung auch die Zustimmung von *»Ochsensepp«* Josef Müller, dem führenden Vertreter des liberalen Flügels der CSU – der als politischer Ziehvater von Strauß und schärfster innerparteilicher Kritiker Hundhammers galt. Mehrheitlich stimmte die Fraktion Seidels Vorschlag zu.

Goppels politischer Standort als fachlich geschätzter und gleichsam für beide großen Parteiströmungen der CSU annehmbarer Kompromisskandidat wird in dieser Situation deutlich. Obwohl er durch sein Eintreten für die konfessionelle

Lehrerbildung und sein Engagement in der Katholischen Aktion dem konservativen Flügel der CSU zugerechnet wurde, fand er in den liberaleren Kreisen der Partei dennoch große Akzeptanz. Bei seinem Amtsantritt als Staatssekretär wurde ihm in einem Glückwunschschreiben prophezeit: *»Freilich werden Sie es in der Regierung wie in Ihrer Partei nicht immer leicht haben. Es gibt sehr einflussreiche Mitglieder Ihrer Fraktion, die in Ihnen wenig mehr als einen unbequemen ›Klerikalen‹ sehen.«* Gleichwohl wurde es als erfreulich bezeichnet, dass es auch *»in der weitgehend liberalisierten CSU von heute für einen Christen, der diesen Namen verdient, nicht ganz ausgeschlossen ist, in ein staatspolitisch verantwortungsvolles Amt zu gelangen«*.

Am 16. Oktober 1957 fanden die von Ministerpräsident Seidel vorgeschlagenen Minister und Staatsekretäre die Zustimmung des Landtags und wurden direkt vereidigt. Mit der überraschenden Berufung zum Staatssekretär im Justizministerium gelang Goppel nach nicht einmal einer ganzen Legislaturperiode der Sprung in die Regierung. Im Rückblick erklärte er, eigentlich *»keinerlei Aspirationen auf die Staatsregierung«* gehabt zu haben. Von der Entscheidung Seidels habe er erfahren, als er gerade krank im Bett gelegen habe. Goppel war davon selbst überrascht, zumal ihn zu diesem Zeitpunkt *»kein Mensch [...] kannte«*. Der 52-Jährige war nun Mitglied der Bayerischen Staatsregierung – und sollte dies in den kommenden 21 Jahren auch bleiben. Mit der Ernennung zum Staatssekretär schied er gleichsam nach knapp elfjähriger Tätigkeit aus der Stadtverwaltung von Aschaffenburg aus.

Gleichberechtigt mit den Ministern gehörte er als Staatssekretär mit Sitz und Stimme dem Kabinett an. Innerhalb des Justizministeriums besaß Minister Ankermüller zwar Weisungsrecht gegenüber seinem Staatssekretär, dieser verstand ihn jedoch nicht nur als seinen Vertreter, sondern auch als rechte Hand und Berater. Als Staatssekretär lernte Goppel die Exekutive gründlich von innen kennen. Innerhalb der Regierung nimmt das Justizressort eine Schlüsselstellung ein, da es frühzeitig im Detail in alle wichtigen Gesetzesvorhaben eingebunden ist. Bis zum Ende der laufenden Legislaturperiode ein gutes Jahr später war ihm somit die Chance gegeben, Ministerpräsident Seidel zu beweisen, dass er künftig auch den Anforderungen eines Ministeramtes gewachsen war. Dieser hatte in seiner Regierungserklärung betont, das Justizministerium dürfe *»niemals ein Instrument zur Durchsetzung politischer Ziele werden«*. Der aus der Verwaltung gekommene Jurist Goppel agierte als Justizstaatssekretär dann tatsächlich äußerst zurückhaltend. Zu parteipolitischen Fragen nahm er sowohl in der Landtagsfraktion als auch im Kabinett kaum Stellung und beschränkte sich auf die Lösung sachlicher Verwaltungsfragen.

Neben der unerwarteten beruflichen Veränderung brachte das Jahr 1957 auch im Privatleben eine bedeutende Neuerung: Die siebenköpfige Familie Goppel zog aus einer Mietwohnung in ihr erstes Eigenheim um, eine Doppelhaushälfte am östlichen Rand von Aschaffenburg. Im handschriftlichen Rückblick auf das vergangene Jahr, den Alfons Goppel an Neujahr 1958 erstmals in das in Leder gebundene Gästebuch der Familie niederschrieb, heißt es dazu: *»Wir feiern zum ersten Mal im eigenen Haus. Wie viel Sorge, Anstrengung, Zagen und Verzagen, wie viel Hoffen und Erfüllen, Freuen und Danken drückt sich darin aus! Uns allen ist es ans Herz gewachsen, auch wenn sie fern – wie [...] Vater [Alfons Goppel] in staatssekretärlicher Arbeit in München! Schon ist es gefüllt mit allem Auf und Ab, Hin und Her, mit allem Bangen und Vertrauen, das Familie bedeutet.«*

BERUFUNG ZUM INNENMINISTER

Am 23. November 1958 fanden die vierten bayerischen Landtagswahlen statt. Der im Vorjahr zum Staatssekretär aufgestiegene Alfons Goppel kandidierte in Aschaffenburg erneut gegen Jean Stock und setzte sich diesmal klar mit 48,1 zu 38,5 % der Stimmen durch. Landesweit verbesserte sich die durch Hanns Seidel reformierte CSU deutlich und erreichte überzeugende 45,6 %. Damit war der Weg für den Ministerpräsidenten frei, die bisherige Koalitionsregierung aus CSU, GB/BHE und FDP fortzuführen. Die gestärkte CSU, der im Landtag lediglich zwei Sitze zur Alleinregierung fehlten, stellte folglich im zweiten Kabinett unter Seidel fast alle Minister und Staatssekretäre. Der FDP wurden das Justizministerium und dem GB/BHE das Arbeitsministerium sowie zwei Staatssekretariate zugestanden.

Der Regierungschef erwartete, dass seine Minister *»der Motor [...] für politische Lösungen«* seien und ihren *»geordneten Verwaltungsapparat [...] nicht nur kennen, sondern auch beherrschen«*. Zudem sollten diese sich mitunter von den Aktenstapeln der Bürokratie lösen und sich durch Gespräche mit Mitarbeitern und eigenes Anschauen um ihre Ministerien kümmern. Seidel berief im Rahmen der Kabinettsbildung erneut Rudolf Eberhard als Finanz-, Otto Schedl als Wirtschafts-, Alois Hundhammer als Landwirtschafts- und Theodor Maunz als Kultusminister. Das nicht mehr durch die FDP geführte und dadurch für eine CSU-Besetzung frei gewordene Innenministerium vertraute der alte und neue Ministerpräsident nunmehr Goppel an. Der 53-Jährige hatte sich als Staatssekretär bewährt und konnte für sein neues Amt auf langjährige Erfahrung in der kommunalen Verwaltung von Aschaffenburg zurückblicken. Diese Personalentscheidung scheint einerseits aus fachlichen Gründen wenig überraschend, zeigt aber gleichsam, welch großes Vertrauen Seidel nach so kurzer Zeit der Zusammenarbeit im Kabinett in ihn setzte.

Als Neuling im Ministerrang zählte Goppel gleichwohl keineswegs zu den bestimmenden Persönlichkeiten seiner Partei. Der starke Mann der Landtagsfraktion war deren Vorsitzender Franz Heubl, während innerhalb der Regierung neben dem Ministerpräsidenten vor allem Wirtschaftsminister Schedl und Finanzminister Eberhard gewichtige Rollen spielten. Auch innerhalb der CSU hatte Goppel keine Hausmacht vorzuweisen. Dem Landesvorstand der CSU gehörte er zwar seit 1957 als ein durch die Bezirksversammlung gewähltes Mitglied an. Dennoch gab er sich – auch noch als Innenminister – bei Sitzungen des Parteivorstands und bei Diskussionen innerhalb der Fraktion äußerst zurückhaltend.

Goppel wurde am 9. Dezember 1958 als Staatsminister des Innern durch den Bayerischen Landtag bestätigt und zusammen mit den übrigen Kabinettsmitgliedern vereidigt. Sein am

Innenminister Alfons Goppel mit dem bayerischen Ministerpräsidenten Hanns Seidel, 1959

Münchner Odeonsplatz gelegenes Ministerium zählte traditionell zu den bedeutendsten und größten Ressorts. Die wichtigsten der insgesamt 23 unterschiedlichen Aufgabengebiete des Innenministeriums waren die Organisation der staatlichen inneren Verwaltung, der zivile Bevölkerungsschutz, staatsrechtliche Dinge wie das Wahlrecht, die Angelegenheiten kommunaler Zweckverbände und Gemeinden, das Fürsorgewesen und die Wohlfahrtspflege. Ebenso waren dem Staatsminister Goppel das Bauwesen, das Gesundheits- und Veterinärwesen sowie die Regelung der öffentlichen Sicherheit und Ordnung unterstellt.

DIE LEITUNG DES INNENRESSORTS

Vor dem Landtag definierte Goppel im Rahmen seiner ersten Haushaltsrede am 17. März 1959 sein Verständnis der Grundaufgaben seines Hauses. Im Parlamentsplenum stellte er fest: *»Es war mir eine große Freude, durch das Vertrauen des Herrn Ministerpräsidenten und durch Ihr Vertrauen an die Spitze dieser vielseitigsten aller Verwaltungen berufen zu werden.«* Es möge vielleicht *»den Anschein haben, als fehlten dieser Fülle und Mannigfaltigkeit die großen ordnenden Gedanken, als sei hier kunterbunt, ohne inneren Zusammenhang, Auftrag an Auftrag gereiht«*. Bei genauem Hinsehen ließen sich aber *»sehr wohl beherrschende Grundgedanken finden, an denen die innere Verwaltung ausgerichtet ist. Sie dient einmal dem Leben, der Gesundheit, der körperlichen und geistigen Wohlfahrt der Menschen, hat also, wenn ich so sagen darf, die Aufgabe der biologischen Sicherung unserer Bevölkerung; zum anderen lenkt, ordnet, sichert und fördert sie das gesellschaftliche Zusammenleben, nimmt dabei also die Aufgabe der soziologischen Sicherung unserer Bevölkerung wahr.«*

Für diese Aufgaben stand dem von Goppel geführten Ministerium in den Haushaltsjahren 1959 bis 1961 der zweitgrößte Einzeletat des bayerischen Staatshaushalts zur Verfügung. Im Jahr 1962 überstiegen die Ausgaben des Innenministeriums erstmals sogar diejenigen des Kultusministeriums. Goppel machte in diesen Jahren einen mutigen ersten Vorstoß in der Frage der Staats- und Verwaltungsvereinfachungen. Sein Plan, die kleinen Gemeinden mit bis zu 100 Einwohnern zusammenzulegen, um deren Leistungsfähigkeit zu steigern, traf allerdings auf erbitterten Widerstand. Letztlich wurde der Innenminister in dieser Frage von seiner eigenen Fraktion ausgebremst. Die kommunale Gebietsreform sollte jedoch rund ein Jahrzehnt später zu einem der wichtigsten Themen der Regierungszeit des Ministerpräsidenten Goppel werden.

Dagegen setzte er als Innenminister die bereits zuvor beschlossene, jedoch vor Ort sehr umstrittene Neuorganisation, Modernisierung und Konzentration der Landpolizei erfolgreich um. Die Einführung der öffentlichen Schluckimpfung gegen Kinderlähmung war ein großer gesundheitspolitischer

Fortschritt. Sein Ministerium hatte in diesem Fall stark auf moderne Öffentlichkeitsarbeit gesetzt, um die Bevölkerung über die Hintergründe zu informieren und zur Teilnahme anzuregen. Die Einnahme des »*Impfzuckerls*« durch Minister Goppel und dessen Frau, die fünf Kinder und sogar die Haushälterin wurde vor laufender Kamera inszeniert. Das gesamte Innenministerium von der Spitze bis zur jüngsten Schreibkraft beteiligte sich ebenfalls an der Impfung. Der Erfolg gab Goppel Recht: Insgesamt nahmen rund 4,2 Millionen bayerische Bürgerinnen und Bürger an der Impfung teil.

Ebenfalls erreichte der staatlich geförderte soziale Wohnungsbau in Bayern unter der Ägide des Innenministers Goppel neue Höhen. Zum Ende seiner Amtszeit hin wurden mit dem Bayerischen Wassergesetz und der Bayerischen Bauordnung zwei bedeutende Gesetze im Zuständigkeitsbereich seines Ministeriums erlassen. In seine Zeit als Innenminister fiel auch die Neufassung des Bayerischen Beamtengesetzes.

Als »*Gemeindeminister*« hatte Goppel reichlich Gelegenheit, Bayern zu bereisen und sich dadurch in allen Regierungsbezirken bekannter zu machen. Die »*Mittelbayerische Zeitung*« schätzte den Nutzen dieser Reisen in einem Kommentar vom 24. Oktober 1960 als sehr hoch ein. Der Autor illustrierte die kurztaktigen Besuche des Innenministers im Land folgendermaßen: »*Händeschütteln, Festakt im historischen Saal, Begrüßungsrede mit detaillierter Interpretation der ›angespannten Finanzlage‹, Überreichung einer seitenlangen Litanei von Wünschen und Anliegen, kurze Erwiderung des Ministers, wieder Händeschütteln, ein letztes freundliches Grüßen durch die Scheiben der Staatskarosse – weiter geht es im 120-Kilometer-Tempo durch die Gegend.*« Diese blumige Beschreibung legt den Vergleich mit monarchischen Repräsentationsreisen zur Zeit des Königreichs Bayern nahe, der für Goppels spätere Staatsbesuche als Ministerpräsident dann auch häufig angestrengt wurde.

Zum Ende seiner Amtszeit als Staatsminister des Innern wurde Goppel zwar in der »*Süddeutschen Zeitung*« attestiert, dass er »*mit großem Sachverstand sein jetziges Amt*« ausgeführt habe; er gehöre jedoch »*bislang nicht zu den profiliertesten Politi-*

kern der CSU«. Allerdings wurde bei verschiedenen Anlässen seine Fähigkeit als sachlich versierter Moderator und um Ausgleich bemühter Vermittler hervorgehoben.

Goppel selbst gab in einer Ansprache im »*Bayerischen Rundfunk«*, die er im Dezember 1960 hielt, einen tiefen Einblick in sein Selbstverständnis als Minister: »*Ein Journalist schrieb neulich in einer Zeitung, der bayerische Innenminister Goppel sei zwar ein redlicher Fachminister, aber man sage ihm halt einen Mangel an politischem Gespür nach. Ich weiß nicht, was dieser Herr unter Politik versteht […]. Das von der Verfassung mir zugewiesene Aufgabengebiet […] umfasst die Verantwortung dafür, dass im nächsten Jahr fast 784 Millionen DM richtig verwaltet werden. Das glaube ich, ist ein Feld, weit genug, um zu zeigen, ob man politisch wirken kann oder nicht. Da bleibt nicht mehr viel Platz für politisches Spurensuchen. Da heißt es nur verantwortungsbewusst arbeiten, freilich auf einer klaren politischen Linie. Wenn man allerdings Politik, Landespolitik insbesondere, mit persönlichem Ehrgeiz und hintergründigem Ränkespiel verwechselt, dann hat jener Journalist wirklich recht: Dafür habe ich kein Gespür.*«

Die Zeit als Staatsminister des Innern brachte für ihn auch den Abschied von Aschaffenburg mit sich. Sein neuer Tätigkeitsschwerpunkt veranlasste die Familie dazu, ihren Wohnsitz nach München zu verlegen. Die Goppels bezogen im Dezember 1959 eine Wohnung in der Steinsdorfstraße, welche der Bayerischen Versicherungskammer gehörte. Alfons und Gertrud Goppel, die im Jahr 1960 ihre Silberne Hochzeit feiern durften, verkauften schließlich 1961 das erst vier Jahre zuvor erworbene Reihenhaus in Aschaffenburg und begannen mit dem Bau eines Eigenheims in der Gemeinde Krailling. Ab 1962 fand die Familie in diesem – zu jener Zeit etwa 4500 Einwohner zählenden – Ort im südlich von München gelegenen Landkreis Starnberg ihr dauerhaftes Zuhause.

RÜCKTRITT UND TOD HANNS SEIDELS

Der bayerische Ministerpräsident und CSU-Parteivorsitzende Hanns Seidel darf zweifellos als einer der wichtigsten Förderer Alfons Goppels angesehen werden. Bereits 1947 hatte er ihn als seinen Nachfolger als Landrat in Aschaffenburg ins Gespräch gebracht und später bei dessen Oberbürgermeisterwahlkämpfen unterstützt. Er war es auch, der ihn 1957 zum Staatssekretär der Justiz und 1958 zum Bayerischen Innenminister machte. Unter Seidels Ägide hatte die CSU nicht nur den Weg zur modernen Mitgliederpartei genommen, sondern auch weitestgehend ihre Flügelkämpfe überwunden. Als Wirtschaftsminister sowie in seiner Zeit als Ministerpräsident ab 1958 trieb Seidel die Industrialisierung Bayerns bei gleichzeitiger Förderung des Mittelstands voran.

Diese Erfolgsgeschichte sollte jedoch ein tragisches Ende nehmen: Im Juli 1958 erlitt Seidel bei einem Autounfall eine schwere Rückenwirbelverletzung, von der er sich nie mehr erholen sollte. Mehrmals war er infolgedessen zu längeren Krankenhausaufenthalten gezwungen. Während seiner monatelangen Abwesenheit wurde er von Finanzminister Eberhard vertreten. Nachdem sich sein Gesundheitszustand im Laufe des Jahres 1959 dramatisch verschlechterte, erklärte er am 22. Januar 1960 schließlich gegenüber dem Landtagspräsidenten Ehard seinen Rücktritt als Ministerpräsident.

Bereits Monate zuvor hatten die Spekulationen über mögliche Nachfolger begonnen. Im November 1959 war erstmals auch Alfons Goppel kurzzeitig ins Gespräch für das Amt des Regierungschefs gebracht worden. Allerdings wurde zu diesem Zeitpunkt dagegen eingewandt, dass dieser *»kein Ellenbogen-Politiker [sei], ein wenig farblos und zu sehr der Bürokratie ergeben«*. Nachdem sowohl Seidels Wunschnachfolger Rudolf Eberhard eine Kandidatur von sich wies, als auch dessen Antipode Alois Hundhammer sich *»in einer großzügigen Selbstüberwindung«* zum Verzicht auf die Übernahme der Regierung bereit erklärte, folgte der bereits 72-jährige Ehard dem zurückgetretenen Seidel am 26. Januar 1960 als Ministerpräsident nach. Damit entsprach der Parlamentspräsident schweren Herzens dem Wunsch der CSU-Fraktion, für eine Übergangszeit die Regierung zu leiten, Personaldiskussionen zu vermeiden und Kontinuität zu garantieren. Die bestehende Ministerriege übernahm Ehard unverändert und erklärte in der ersten Ministerratssitzung unter seiner Leitung, er habe keineswegs die Absicht, *»in die Geschäftsführung der Ressorts einzugreifen«*.

Den bis dato weiter ausgeübten Parteivorsitz der CSU gab der todkranke Hanns Seidel am 16. Februar 1961 ab. Sein Nachfolger in diesem Amt wurde Bundesverteidigungsminister Franz Josef Strauß, der ebenfalls dem liberalen Spektrum der CSU zugeordnet wurde. Am 18. März 1961 wurde der 45-Jährige auf einem außerordentlichen Parteitag mit 94,8 % der Stimmen ins Amt gewählt. Mit ihm, der seinen politischen Mittelpunkt – anders als seine Vorgänger – nicht in München, sondern in Bonn hatte, gewann der bundespolitische Zuschnitt der CSU deutlich an Gewicht.

Hanns Seidel starb schließlich am 5. August 1961 an einer Lungenentzündung. Strauß würdigte seinen Vorgänger als einen Politiker, der *»gesunde und klare Vorstellungen von Aufgabe und Wesen der politischen Parteien und von der Funktionsfähigkeit der parlamentarischen Demokratie«* hatte. Der ehemalige Ministerpräsident und CSU-Parteivorsitzende wurde am Münchner Westfriedhof mit einem Staatsbegräbnis bestattet. Die CSU setzte ihrem prägenden Reformer wenige Jahre später mit der Gründung der parteinahen Hanns-Seidel-Stiftung ein Denkmal.

6 Der Landesvater Bayerns

»Im Mittelpunkt aller staatlichen Tätigkeit steht der Mensch. Er soll sich in unserem Freistaat Bayern so entfalten können, wie es der durch Religion, Moral und Sitte gebändigten menschlichen Natur entspricht. Er soll der Würde gemäß leben können, die ihm mit den Gaben des Geistes und mit seiner unsterblichen Seele verliehen ist.«

REGIERUNGSERKLÄRUNG DES MINISTERPRÄSIDENTEN
ALFONS GOPPEL, 1962

RINGEN UM EHARDS NACHFOLGE

Mit der Wahl von Franz Josef Strauß zum Parteivorsitzenden war der notwendige Generationenwechsel in der CSU nur zum Teil gelungen. Die Wahl des bereits 72-jährigen Hans Ehard zum bayerischen Ministerpräsidenten trug dagegen deutlich den Charakter einer Interimslösung. Mit dessen erneuter Kandidatur war kaum zu rechnen – was dazu führte, dass in der Partei und auch in der medialen Öffentlichkeit schon bald die Frage nach einem geeigneten CSU-Spitzenkandidaten für die im November 1962 anstehende Landtagswahl gestellt wurde. In dieser Situation traten – wie schon zu Beginn der 1950er-Jahre – die scharfen Gegensätze der konkurrierenden Parteigruppierungen verstärkt zutage.

Die immer deutlicher sichtbaren Spannungen innerhalb der CSU wurden durch zwei sich gegenseitig bekämpfende Antagonisten personalisiert: den katholischen Landwirtschaftsminister Alois Hundhammer und den evangelischen Finanzminister Rudolf Eberhard. Die plakative Zuschreibung der um diese Persönlichkeiten gruppierten CSU-Parteiflügel als *»katholisch-konservativ«* und *»evangelisch-liberal«* geht allerdings am Kern der inhaltlichen Konfrontation vorbei, da etwa auch prominente katholische CSU-Politiker wie Strauß dem damals liberalen Spektrum zugeordnet wurden. Zudem spielte die persönliche Animosität der maßgeblich Beteiligten eine große Rolle.

Mit Strauß hatte seit dem Frühjahr 1961 ein Vertreter der liberalen Richtung den Parteivorsitz inne. Den Startschuss für die monatelangen Auseinandersetzungen zwischen den Parteiflügeln bot die Wahl von dessen Stellvertretern durch den CSU-Landesausschuss am 14. Juli 1962. Mit Rudolf Eberhard und Hans Weiß setzten sich zwei weitere als liberal geltende Männer als erster und zweiter stellvertretender Landesvorsitzender der Partei durch – was dazu führte, dass sich der konservative Parteiflügel um Hundhammer massiv zurückgesetzt fühlte.

Bereits seit Anfang des Jahres 1962 hatten sich die öffentlichen Aktivitäten des so genannten *»Petra-Kreises«* um Hundhammer verstärkt. Dieser war nach dem Hotel benannt, in dem die Treffen dieser informellen Gesprächsrunde stattfanden. Regelmäßige Teilnehmer waren neben konservativen CSU-Fraktionsmitgliedern auch Journalisten und Beamte. Gegen Hundhammers Anspruch, hierbei handele es sich um das Gegenstück zum 1953 gegründeten Evangelischen Arbeitskreis der CSU, regte sich massiver Widerstand. Eberhard ließ sogar gegenüber der Presse verlauten, der Petra-Kreis gefährde ernstlich *»den auf Toleranz und Liberalität basierenden Unionsgedanken, wie ihn Hanns Seidel entwickelt habe«*. Als Reaktion lud er erstmals am 10. Juli 1962 zu einem offenen Fraktionsabend ein, der zur gleichen Zeit wie das Treffen der *»Petraner«* stattfand. Goppel, der dem katholisch-konservativen Spektrum der Partei zugeordnet wurde, nahm an den Treffen des Petra-Kreises zu diesem Zeitpunkt nicht teil. Erst Jahre später, als die Gruppe keine große Rolle mehr spielte, folgte er einer Einladung, um vor dessen Teilnehmern zu sprechen. Ob er stattdessen die von Eberhard initiierten Fraktionstreffen besucht hat, ist nicht überliefert.

Die erwähnte Landesausschusssitzung fand nur vier Tage später, am 14. Juli 1962, statt und entzündete die Diskussion um den künftigen CSU-Spitzenkandidaten mit ungeahnter Wucht. Bis zu diesem Zeitpunkt hatten der 47-jährige Eberhard und der 62-jährige Hundhammer als große Favoriten für die Kandidatur um das Amt des Ministerpräsidenten gegolten. Dem Parteivorsitzenden Strauß wurde im Sommer 1962 durch seinen Stellvertreter Eberhard zur Wahrung der Parteieinheit ebenfalls die Kandidatur angetragen. Diesen Überlegungen stand Strauß zunächst positiv gegenüber; er entschied sich aber im September letztlich für seinen Verbleib als Bundesverteidigungsminister in Bonn. Der gerade einmal 38-jährige CSU-Landtagsfraktionsvorsitzende Franz Heubl hatte ebenfalls Unterstützer, wurde für das Amt des Regierungschefs jedoch mehrheitlich als zu jung befunden. Außenseiterchancen wurden im Sommer 1962 zudem dem Landtagspräsidenten Rudolf Hanauer sowie dem Innenminister Alfons Goppel eingeräumt.

NOMINIERUNG ALS SPITZENKANDIDAT

Am 17. September 1962 fiel nach monatelangen Querelen die Entscheidung. In der Sitzung des Parteivorstandes führten sowohl der Parteivorsitzende Strauß als auch der fast 75-jährige Ministerpräsident Ehard gleichermaßen aus, dass sie auf die Spitzenkandidatur im November verzichteten. Die Diskussion verlagerte sich in der Folge auf die Namen Hundhammer, Eberhard und Goppel – wobei Ersterer, der konservative Landwirtschaftsminister, für die Mehrheit der Vorstandmitglieder angesichts der Modernisierung der Partei als Ministerpräsident inzwischen schlicht undenkbar war. Finanzminister Eberhard musste unterdessen jedoch ebenso davon ausgehen, dass er keine Mehrheit hinter sich vereinen konnte. Vor dem Parteivorstand stellte er daher ausdrücklich klar: *»Ich will nicht Ministerpräsident in Bayern werden. [...] Ich glaube, wir können uns auf Freund Goppel als Vorschlag der Partei einigen.«* Der amtierende Ministerpräsident Ehard stimmte dieser Empfehlung zu.

Der angesprochene Innenminister, der sich bis dahin nicht in die Diskussion eingebracht hatte, erklärte schließlich: *»Ich habe diese Stellung nie angestrebt. Wenn mir dieses hohe Amt angeboten wird, halte ich mich [für] verpflichtet, ja zu sagen.«* Einstimmig – mit einigen wenigen Enthaltungen – empfahl der Vorstand daraufhin der CSU-Landtagsfraktion, Alfons Goppel als Spitzenkandidat für das Amt des Ministerpräsidenten zu nominieren.

Nachdem Strauß vor die versammelte Presse getreten war, tagte die Fraktion – die sich der soeben öffentlich verkündeten

Entscheidung des Vorstands nur noch anschließen konnte. Goppel brachte nach einführenden Bemerkungen des Fraktionschefs Heubl seine *»große Dankbarkeit für das Vertrauen, das die Landesvorstandschaft in seine Person«* gesetzt habe, zum Ausdruck. Das stenografische Protokoll der Landtagsfraktionssitzung führt aus, er *»sei umso erfreuter, als er sich immer in der hinteren Reihe gefühlt habe. Wenn ihm die Fraktion ebenso eindeutig ihr Vertrauen entgegenbringe, könne er versprechen, ebenso wie bisher seine Arbeit und Pflicht zu tun«*.

Parteichef Strauß bemerkte in seinem anschließenden Plädoyer vor der Fraktion, dass durch den gefassten Vorstandsbeschluss wohl *»niemand verdutzter gewesen sei als Goppel, [...] nicht weil er die Voraussetzungen nicht mitbrächte, sondern weil er immer im zweiten Glied bei Nennung der Namen gestanden habe«*. Strauß schloss mit der Feststellung, es gebe keine Idealfigur, die alle Voraussetzungen gleichermaßen erfülle: *»Jeder habe seine Vorzüge und seine Schwächen. [...] Es gebe jetzt nur den Standpunkt: Die Lösung vertreten und mit dieser Lösung den Wahlkampf gewinnen.«* Die Fraktion nominierte Alfons Goppel anschließend – zwei Monate vor der bayerischen Landtagswahl – einstimmig zu ihrem Spitzenkandidaten. Zudem wurde der Aschaffenburger Direktkandidat als Zugpferd auf den ersten Platz der unterfränkischen Bezirksliste gesetzt.

Hätte Strauß um die Kandidatur für das Ministerpräsidentenamt kämpfen wollen, was er wochenlang ernsthaft erwogen hatte, wäre die Entscheidung kaum so leicht zugunsten Goppels gefallen. Auf diese Weise ersparte der CSU-Vorsitzende seiner Partei jedoch eine qualvolle Kampfabstimmung, die sich zu einer veritablen Krise hätte auswachsen können. Gegenüber Bundeskanzler Konrad Adenauer, der den Verzicht des CSU-Parteivorsitzenden auf eine Kandidatur in Bayern begrüßte, betonte Strauß später in einem Brief: *»Ich glaube, dass wir mit der Entscheidung für Goppel eine brauchbare Wahl getroffen haben und dass wir gute Aussichten für die Landtagswahlen haben.«*

Auch für die mediale Öffentlichkeit kam die Entscheidung für Goppel mehr als überraschend, da man allenthalben davon ausgegangen war, dass Strauß letztlich doch nach München wechseln werde. Otto Daffinger, einer der kundigsten publizistischen Beobachter bayerischer Landespolitik, analysierte im September 1962 jedoch treffend die Vorzüge dieser Wahl: »*Goppel ist ein Mann von vielseitiger Bildung, ein geistreicher Plauderer und ein Rhetoriker von hohem Grad. Witz und Humor sind ihm nicht fremd. Zum politischen Gegner ist er korrekt und fair, darum hat er auch kaum persönliche Feinde. In der Fraktion gehört Goppel keinem Flügel an. Einladungen des Petrakreises hat er bisher höflich, aber strikt abgelehnt. Er sucht auch keine enge Bindung zu den Liberalen in der CSU. Goppel laviert nicht zwischen verschiedenen Standpunkten und Interessen.*« Das von den Medien rasch vergebene Prädikat des »*Kompromisskandidaten*« trifft nur teilweise zu. Vielmehr war Goppel ohne eigene Hausmacht und galt als sachorientierter Mann des Ausgleichs, auf den sich alle Seiten einigen konnten. In der gegebenen Situation sollte er damit für die CSU den idealen Kandidaten darstellen.

Die Spiegel-Affäre

Nur wenige Tage vor der bayerischen Landtagswahl am 25. November 1962 stand die CSU vor unerwarteten Schwierigkeiten. Parteichef Franz Josef Strauß hatte durch die von ihm ausgelöste »*Spiegel-Affäre*« eine schwere politische Krise herbeigeführt. Vorausgegangen war ein im Magazin »*Der Spiegel*« unter dem Titel »*Bedingt abwehrbereit*« erschienener kritischer Beitrag des Militärexperten Conrad Ahlers zum Verteidigungskonzept der Bundeswehr. Verteidigungsminister Strauß, der für die Atombewaffnung der Bundeswehr eintrat, witterte in diesem Zusammenhang den Verrat von Staatsgeheimnissen.

Die Bundesanwaltschaft ließ am 26. Oktober in einer nächtlichen Aktion die Redaktionsräume des Nachrichtenmagazins durchsuchen und zudem mehrere leitende Redakteure wegen des Verdachts auf Landesverrat festnehmen. Die Begleitumstände der Aktion blieben dubios, weswegen auch der Bundestag bald restlose Aufklärung forderte. Entgegen einer früheren Behauptung,

mit der Sache *»nichts, im buchstäblichen Sinne nichts«* zu tun zu haben, musste Strauß schließlich zugeben, persönlich die Festnahme des stellvertretenden *»Spiegel«*-Chefredakteurs Ahlers an dessen Urlaubsort in Spanien angeordnet zu haben.
Erstmals in der Nachkriegsgeschichte nahm die westdeutsche Öffentlichkeit spontan und engagiert politisch Stellung. Erhebliche Kritik an diesem massiven Eingriff in die Pressefreiheit und Rücktrittsforderungen waren die Folge. Als Bundeskanzler Adenauer sich hinter seinen Verteidigungsminister stellte und vor dem Bundestag von einem *»Abgrund von Landesverrat«* sprach, wurde aus der *»Spiegel-Affäre«* eine Regierungskrise: Am 19. November traten die fünf FDP-Bundesminister geschlossen zurück.

LANDTAGSWAHL UND REGIERUNGSBILDUNG

Es stand zu befürchten, dass sich die *»Spiegel-Affäre«* zu einer *»negativen Volksabstimmung«* über den Bundesverteidigungsminister auswirkte und die bayerischen Wähler der CSU bei den Landtagswahlen die Quittung für das Vorgehen ihres Vorsitzenden präsentierten. Zur Überraschung der politischen Beobachter errangen die Christsozialen jedoch bei der bayerischen Landtagswahl am 25. November 1962, die von der Presse zur *»Strauß-Wahl«* stilisiert worden war, wider Erwarten einen eindrucksvollen Erfolg. Die *»Augsburger Allgemeine«* stellte fest, es *»war eine Wahlnacht, wie sie Bayern in der Nachkriegszeit noch nicht erlebte. Das politische Spannungsfeld war durch die Bonner Regierungskrise derart geladen, dass wohl jeder unwillkürlich an die unheilvollen Plebiszite der Weimarer Zeit erinnert wurde. Aber der bayerische Wähler, ungewollt in die bundesrepublikanische Staatskrise hineinmanövriert, hat mit kühlem Kopf seine Entscheidung getroffen.«*

Die CSU steigerte ihr Ergebnis völlig unerwartet auf 47,5 %. Spitzenkandidat Goppel setzte sich in seinem Wahlbezirk Aschaffenburg abermals direkt durch. Zur zweitstärksten Fraktion im Landtag wurde die SPD, die landesweit auf 35,3 % kam, während die FDP nur noch 5,9 und die Bayernpartei 4,8 %

der Wählerstimmen erzielten. Der GB/BHE verpasste den Einzug in den Landtag. Mit 108 von 204 Sitzen stellte die CSU damit zum ersten Mal seit 1946 die absolute Mehrheit der Landtagsmandate. Mit diesem deutlichen Ergebnis war der Weg für Goppels Wahl zum bayerischen Ministerpräsidenten frei. Der Wahlerfolg wurde jedoch gleichsam als Vertrauensbeweis für Strauß gewertet.

Auch die Regierungsbildung stand im Schatten der Bonner Ereignisse. Während noch spekuliert wurde, ob Goppel eine – rechnerisch knapp mögliche – CSU-Alleinregierung in Bayern bilden würde, reichte Strauß am 30. November seinen Rücktritt vom Amt des Bundesverteidigungsministers ein. Innerhalb der CSU kam es zu Zerwürfnissen, als Vertreter von CDU und CSU ohne das Wissen von Strauß eine Koalition mit der SPD sondierten. Letztlich führte Adenauer auf Bundesebene die Koalition mit der FDP fort – allerdings ohne Strauß. Für Goppel war ein Zusammengehen mit der FDP in Bayern infolge dieser Ereignisse kaum möglich. Der bisherige Koalitionspartner GB/BHE stand ebenfalls nicht zur Verfügung, da er am Wiedereinzug in den Landtag gescheitert war. Die CSU-Fraktion entschied sich letztlich sowohl gegen eine Alleinregierung als auch gegen eine große Koalition mit der SPD – sondern für ein Bündnis mit der Bayernpartei.

Der designierte Ministerpräsident Goppel verfügte, anders als Seidel vier Jahre zuvor, über keine starke Position innerhalb der Fraktion oder der Partei. Aus diesem Grund präsentierte er in der Fraktionssitzung am 6. Dezember 1962 nicht einfach einen Kabinettsvorschlag zur Abstimmung, sondern stellte diesen zur Diskussion. Damit machte er zwar seinen Führungsanspruch deutlich, zeigte aber auch sein Politikverständnis auf, das auf Dialog und Kompromiss ausgerichtet war. Die Entscheidung über die künftige Regierungsmannschaft sollte auf möglichst breiter Grundlage gefällt werden. Bemerkenswert gut gelang es ihm, bei der Kabinettsbildung ein offenes Diskussionsklima zu schaffen, die Fraktion in alle Entscheidungen einzubinden und ein Wiederaufleben der Grabenkämpfe zu verhindern.

Nach Abschluss der parteiinternen Verhandlungen wählte der Landtag den 57-Jährigen am 11. Dezember 1962 mit einer Mehrheit von 109 Stimmen zum bayerischen Ministerpräsidenten. Die Zusammensetzung der Regierung billigte das Parlament am selben Tag. Goppels erstes Kabinett berücksichtigte einerseits die verschiedenen Gruppierungen seiner Partei und wahrte andererseits die Kontinuität gegenüber der Vorgängerregierung. Das Finanz- und das Kultusministerium blieben mit Rudolf Eberhard und Theodor Maunz besetzt. Der unter Goppels Vorgängern bewährte Wirtschaftsminister Schedl blieb ebenso im Amt wie Landwirtschaftsminister Hundhammer. Heubl behielt die Zuständigkeit für die Bundesangelegenheiten – nunmehr im Rang eines Ministers. Das Innenministerium übernahm Goppels bisheriger Staatssekretär Heinrich Junker. Das Arbeitsministerium wurde von Paul Strenkert übernommen, der in diesem Ressort ebenfalls zuvor als Staatssekretär gedient hatte.

Die Besetzung des Justizministeriums war nicht weniger als eine Sensation. Auf mehrheitlichen Wunsch der Fraktion übernahm der bisherige Ministerpräsident Ehard die Leitung dieses Ressorts, nachdem er zuvor bei der Wahl zum Landtagspräsidenten unterlegen war. Damit trat zum letzten Mal in der bayerischen Nachkriegsgeschichte ein Altregierungschef als Minister ins zweite Glied zurück. Parteichef Strauß hatte sich zudem durch die Besetzung der Staatssekretäre im Wirtschafts- und Arbeitsministerium durch zwei Vertrauensleute aus der Bonner CSU-Landesgruppe seinen künftigen Einfluss in München gesichert. Der Koalitionspartner Bayernpartei stellte mit Robert Wehgartner lediglich den Staatssekretär im Innenministerium.

Goppel verließ sein lieb gewonnenes Innenressort nur ungern, was sein folgender, später von der Presse häufig zitierter Ausspruch illustriert: *»Nach den ersten Tagen in der Staatskanzlei wäre ich am liebsten auf Knien wieder ins Innenministerium hinübergegangen.«* Auch in seinen *»Neujahrsaufzeichnungen«* blickte er auf die vergangenen Monate mit gemischten Gefühlen zurück. Die dramatischen Entwicklungen hatten ihn of-

Vereidigung des ersten Kabinetts Goppel im Bayerischen Landtag am 11. Dezember 1962

fenbar mehr mitgenommen, als nach außen deutlich wurde. Mit Sorge um sich und seine Familie notierte er, das Jahr 1962 habe ihm *»die neue Würde des Ministerpräsidenten eingebracht. Wahrlich eine neue Bürde. Was darum alles war und ist seit dem 17.9., an welchem Tage man mich ›designierte‹, an den Wahlen und der anschließenden Regierungsbildung kann diesen paar Zeilen nicht anvertraut werden. Ich kann nur wünschen, dass uns allen so manches Verschlagene, Entwürdigende und Erbärmliche erspart bleiben wird«.*

Nach der Regierungsbildung prophezeite die *»Süddeutsche Zeitung«*, Alfons Goppel, *»bisher hauptsächlich durch Verwaltungsroutine und als ein Mann hervorgetreten, auf den sich widerstreitende Gruppen in der CSU zu einigen vermochten, wird es nicht leicht haben, Bayern jenes Ansehen zurückzugewinnen, das es während der Regierungen Ehard, Hoegner und Seidel hatte«.* Die *»Mittelbayerische Zeitung«* bescheinigte dem neuen Regierungschef dagegen *»nicht nur Sinn für Humor und Verständnis* *für Allzumenschliches«*, sondern zudem *»Aufrichtigkeit, Geradlinigkeit und die Neigung zu klaren Verhältnissen«*.

Am 19. Dezember 1962 stellte der frisch gewählte bayerische Ministerpräsident in seiner ersten Regierungserklärung die Weichen für die kommenden Jahre. Da er die übergreifenden Schwerpunkte der Regierung darlegen, jedoch nicht die einzelnen Haushaltsreden seiner Minister vorwegnehmen wollte, dauerte die Regierungserklärung nur etwa eine Stunde und war damit die kürzeste seit Kriegsende. Was der Ministerpräsident vortrug, war jedoch bereits das grobe Rezept für den Wandel des noch immer landwirtschaftlich geprägten Freistaats Bayern zum Industrie- und Hochtechnologiestandort. Seine beispiellose Rede vor dem Landtag begann Goppel mit den für seine Politik programmatischen Worten: *»Im Mittelpunkt aller staatlichen Tätigkeit steht der Mensch. Er soll sich in unserem Freistaat Bayern so entfalten können, wie es der durch Religion, Moral und Sitte gebändigten menschlichen Natur entspricht. Er soll der Würde gemäß leben können, die ihm mit den Gaben des Geistes und mit seiner unsterblichen Seele verliehen ist.«*

Den Kern der Regierungserklärung bildete die wirtschaftliche Entwicklung. Bayern sei lange ein Agrarland gewesen, heute könne *»es nicht mehr von der Landwirtschaft allein oder auch nur überwiegend leben. Es braucht eine einträgliche gewerbliche Wirtschaft«*. Goppel benannte klar das Ziel *»der Umwandlung Bayerns von einem Agrar- in einen vorwiegend industriell ausgerichteten Staat«*. Gleichzeitig wurden die Förderung des Mittelstandes, billigere Energiequellen sowie Infrastrukturmaßnahmen angekündigt. Mit Rücksicht auf Landwirtschaftsminister Hundhammer betonte er jedoch, *»dass Bauer bleiben kann, wer Bauer bleiben will«*. Auf dem Gebiet der Kulturpolitik kündigte er einen Schulentwicklungsplan mit dem Ziel der Vermehrung der Mittelschulen und dem gezielten Ausbau der bayerischen Hochschulen an.

DER MODERIERENDE REGIERUNGSCHEF

Der zunächst als Kompromisskandidat belächelte Ministerpräsident Goppel vermochte es rasch, ein eigenes Profil zu entwickeln, das über die Rolle eines repräsentierenden Landesvaters

Regierungserklärung im Dezember 1962: »Im Mittelpunkt aller staatlichen Tätigkeit steht der Mensch«

hinausreichte. Gleichwohl trauten ihm die wenigsten zu Beginn seiner Regierungszeit eine 16 Jahre währende Amtsperiode zu. Laut der Bayerischen Verfassung von 1946 war der Ministerpräsident nicht nur *primus inter pares* gegenüber den übrigen Regierungsmitgliedern, zu denen eine ganze Reihe an politischen Schwergewichten zählten. In allen von Goppels vier Kabinetten zwischen 1962 und 1978 befanden sich sehr eigenständige und ideenreiche Minister, die gemäß der bayerischen Verfassung *»selbständig und unter eigener Verantwortung gegenüber dem Landtag«* Konzepte und Strategien erarbeiteten.

Dem Ministerpräsidenten war jedoch als Regierungschef die Richtlinienkompetenz übertragen und damit auch die Verantwortung der Regierungspolitik.

Kritische Stimmen urteilten, Goppel habe sein Kabinett stets am langen Zügel geführt, er *»ließ den Ministern in ihren Verantwortungsbereichen weitgehend Gestaltungsfreiheit, benutzte seine Richtlinienkompetenz kaum öffentlich«*. In der praktischen Umsetzung seiner Führungsaufgabe wählte er seinen ganz eigenen Führungsstil, der den Kabinettsmitgliedern zwar Freiheiten gewährte, jedoch auch Verantwortung übertrug. Der spätere Kultusminister Hans Maier erinnerte sich an den menschlichen Umgang des Regierungschefs mit seinen Mitarbeitern: Wenn dieser *»mit Verwaltungsleuten sprach, betonte er immer die Verwandtschaft, die gemeinsame Aufgabe. ›Sie, Herr Kolleg'!‹ – diese Anrede habe ich oft bei Besprechungen von ihm gehört; sie überbrückte alle Distanz und bezog auch den jüngsten Referendar mit ein.«*

Charakteristisch wurde die soziale Kompetenz des Ministerpräsidenten Goppel, der sich nicht als Machtpolitiker verstand, sondern sich um einen kooperativen Stil bemühte und es dabei nicht bei leeren Floskeln beließ. In den Ministerratssitzungen schuf er ein Klima, in dem offen und in guter Stimmung diskutiert werden konnte. Er verstand sich dabei im Kabinett als Koordinator divergierender Interessen, wobei er seinen Führungsanspruch mitunter dennoch klar formulierte.

Goppels Wirtschaftsminister Otto Schedl erinnerte sich später, dass der neue Regierungschef nach der gewonnenen Wahl nicht lange Zeit gehabt habe, sich in seine verantwortungsvolle Aufgabe einzuleben. Er habe jedoch rasch gezeigt, *»dass er führen wollte und auch führen konnte. Bei so eigenwilligen und erfahrenen Kabinettsmitgliedern wie Alois Hundhammer, seinem Vorgänger Hans Ehard, seinem Stellvertreter Rudolf Eberhard, dem keineswegs bequemen Otto Schedl oder dem Fraktionschef und Kabinettsneuling Ludwig Huber war es nicht leicht, die an sich schon schwierigen Regierungsgeschäfte fest in den Griff zu bekommen. Aber es sprach sich rasch herum, dass unter Alfons Goppel regiert und nicht nur verwaltet wird.«*

Seine Richtlinienkompetenz machte der Ministerpräsident auch durch seine programmatischen Regierungserklärungen vor dem Landtag deutlich, die sich zu Beginn der jeweiligen Legislaturperiode auf die Schwerpunkte der künftigen Arbeit der Staatsregierung konzentrierten. Zusätzlich führte er Erklärungen in der Mitte sowie einen »*Leistungsbericht*« gegen Ende der Legislaturperioden ein. Die Vorarbeiten für seine Regierungserklärungen stammten aus den jeweiligen Ministerien – zusammengeführt in ein einheitliches Politikverständnis wurden die einzelnen Punkte jedoch in der Staatskanzlei. »*Alfons Goppel hat diese Gelegenheiten besonders zu nützen verstanden, nach außen kaum erkennbar, nach innen sehr*«, erinnerte sich dessen Pressechef in der Staatskanzlei, Raimund Eberle. Dieser erläuterte, »*alle Vorschläge der Ressorts für seine Regierungserklärungen prüfte er mit großer Sorgfalt, diskutierte mit den Ressortministern darüber und so mancher Ministerialbeamter sah seinen Beitrag unter den Tisch fallen, weil er den Richtlinien der Politik nicht entsprach*«.

Jeweils etwa ein halbes Jahr nach der Regierungserklärung erbat Goppel von seinen Ministern Rechenschaft über deren Fortschritte, um zu überprüfen, »*in welcher Weise Sie bisher entsprechend meiner oben wiedergegebenen Ausführungen tätig geworden sind*«. Auf seinen umfassenden Informationsanspruch als Ministerpräsident bestand er ebenfalls, was etwa an der Einführung des Tagesordnungspunktes »*Anregungen und Informationen*« abzulesen ist, der fortan bei jeder Ministerratssitzung behandelt wurde. Raimund Eberle brachte die kommunikativen Vorteile von Goppels Stil auf den Punkt: »*Die vom Ministerpräsidenten angebotene Gelegenheit, alle Absichten der verschiedenen Ressorts für einen wichtigen Aufgabenbereich zusammengefasst darzustellen, bot zugleich die Chance, Absichten und Planungen aufeinander, auf die finanziellen Möglichkeiten – und nicht zuletzt – die Vorstellungen des Ministerpräsidenten abzustimmen.*«

In seiner Amtszeit vermochte Goppel es bei aller Kontinuität stets, jüngere Politiker in seine Kabinette zu integrieren und zu fördern. So wurde Ludwig Huber 1964 als Nachfolger von Theodor Maunz bayerischer Kultusminister. Bruno Merk übernahm 1966 das Innen-, Fritz Pirkl das Sozialressort. Das Justizministerium wurde nach dem Ausscheiden von Hans Ehard von Philipp Held geführt. Als Alois Hundhammer im März 1969 aus gesundheitlichen Gründen aus der Regierung austrat, übernahm Hans Eisenmann das Landwirtschaftsministerium. 1970 wurden der frühere CSU-Generalsekretär Anton Jaumann zum Wirtschaftsminister und der junge politische Seiteneinsteiger und Universitätsprofessor Hans Maier zum Kultusminister ernannt. Im selben Jahr richtete Goppel das europaweit erste Staatsministerium für Landesentwicklung und Umweltfragen ein, das von Max Streibl geleitet wurde. Ab 1974 gehörte mit der Kultusstaatssekretärin Mathilde Berghofer-Weichner zudem erstmals eine Frau dem bayerischen Kabinett an.

Gegenüber der Opposition bemühte Goppel sich, wie zuvor schon Seidel, um einen sachlichen und fairen Umgang miteinander. Für ihn war für das Funktionieren einer parlamentarischen Demokratie stets eine starke Opposition notwendig, damit *»aus der These der Staatsregierung, aus der Antithese der Opposition [schließlich] die Synthese einer gedeihlichen Weiterentwicklung unseres Staates hervorgehen wird«*. Dieser kooperative Stil wurde allenthalben honoriert. Der bayerische FDP-Landesvorsitzende Thomas Dehler bedankte sich bei ihm für das *»gute menschliche und politische Klima zwischen der Staatsregierung und dem Parlament im Allgemeinen und der Opposition im Besonderen«*, welches vor allem durch Goppels *»vornehme und stets freundliche Haltung geprägt«* sei.

»Der Spiegel« stellte im Sommer 1970 den nach allen Seiten moderierenden und stark repräsentativ geprägten Stil Goppels dar: *»Statt in Machtkämpfen, für die man ihn untauglich schreiben müsste, behauptet sich Alfons Goppel leise, durabel und salbungsvoll: Inkarnation der alten These, dass die Bayern sich in Wahrheit lieber repräsentiert als regiert fühlen. Der Mann ohne Ecken, der verschmitzt-gebildete Kleinhäusler-Sohn, dessen Stelle Strauß einst jederzeit hätte einnehmen können, wuchs sich zu einem unkündbaren Monument bajuwarischer Rückbesinnung aus.«*

BEISPIELLOSE WAHLERFOLGE

Mit Goppel als Ministerpräsident setzte eine bemerkenswerte Periode politischer Stabilität ein. Bayern stieg unter seiner Regierung von einem rückständigen Agrarland zu einer führenden Industrie- und Dienstleistungsregion auf. Bis zum Einsetzen der Rezession im Jahr 1973 erlebte das Land *»goldene Jahre«* des Wirtschaftswachstums. Die günstige wirtschaftliche Entwicklung trug maßgeblich zur rasant wachsenden Popularität des Ministerpräsidenten bei und schuf die Voraussetzungen für dessen künftige Erfolge.

Die CSU nahm nach jahrelangen internen Auseinandersetzungen endgültig den Weg von der traditionellen Honoratiorenpartei hin zu einer modernen Volkspartei. Goppel erzielte als Spitzenkandidat bei den Landtagswahlen von 1966 bis 1974 in zuvor ungeahnter Regelmäßigkeit deutliche absolute Mehrheiten. Bereits zeitgenössische Beobachter charakterisierten diese Jahre als *»Ära Goppel«* – was sich in der historischen Forschung später ebenfalls als Bezeichnung durchsetzte.

War der Beginn seiner ersten Legislaturperiode als Ministerpräsident noch von Startschwierigkeiten und der Notwendigkeit, sich gegenüber seinen starken Kabinettskollegen zu behaupten, geprägt, so formte sich dennoch rasch sein ganz eigener Stil heraus. Dieser beinhaltete eine neuartige Ausprägung der Richtlinienkompetenz und eine intensive Öffentlichkeitsarbeit durch den Ministerpräsidenten, die sowohl in der Partei als auch in der Bevölkerung allgemein honoriert wurden.

Die Landtagswahl am 20. November 1966 geriet zu einem persönlichen Erfolg des Regierungschefs. Mit 48,1 % der Stimmen steigerte sich das Ergebnis der CSU um weitere 0,6 %, was als Anerkennung der Wähler für die erfolgreiche Politik der vorangegangenen Jahre gewertet wurde. Goppel war nunmehr erstmals nicht mehr im Stimmkreis Aschaffenburg, sondern in seiner oberpfälzischen Heimat als Direktkandidat angetreten. Er hatte bei seiner Nominierung im strukturschwachen Stimmkreis Nabburg-Oberviechtach-Vohenstrauß erklärt, als gebürtiger Oberpfälzer fühle er sich der Region verbunden und

Amtsporträt des Bayerischen Ministerpräsidenten Alfons Goppel, 1963

könne auf diese Weise gleichsam seinen alten Wahlkreis für einen Franken freimachen.

Während die SPD sich auf 35,8 % verbesserte, verpassten sowohl die FDP als auch die Bayernpartei nunmehr den Einzug in den Landtag. Zum allgemeinen Entsetzen der deutschen und internationalen Presse zog dagegen die rechtsextreme NPD mit 15 Abgeordneten in das bayerische Landesparlament ein. Die beiden großen Parteien vermochten es jedoch, die Nationaldemokraten weitgehend zu isolieren. Auch bei der Verteilung der Präsidiumssitze gingen diese leer aus. Da die CSU mit 110 Abgeordneten diesmal eine deutliche absolute Mehrheit stellte, bildete Goppel in seiner zweiten Amtszeit erstmals eine CSU-Alleinregierung.

Seine dritte Kandidatur für das Amt des Ministerpräsidenten im Jahr 1970 katapultierte die CSU mit ihrem besten Ergebnis seit 1946 weit über die absolute Mehrheit der Wählerstimmen. Eine Steigerung von 8,3 % führte zu einem erstaunlichen landesweiten Ergebnis von 56,4 % und 124 Parlamentssitzen.

Die Wahlen hatten vor dem Hintergrund des Bonner Regierungswechsels stattgefunden – und wurden dementsprechend als Wählerreaktion auf die von der CSU abgelehnte *»Neue Ostpolitik«* der SPD-geführten Bundesregierung unter Willy Brandt kommentiert. Die bayerische SPD verlor einige Prozentpunkte auf 33,3 % und die FDP schaffte mit 5,5 % den Wiedereinzug ins Maximilianeum. Die Präsenz der NPD im Landtag fand 1970 ein Ende, nachdem sie nur noch 2,9 % der Wähler hinter sich vereinen konnte. Alfons Goppel wurde am 8. Dezember 1970 wiederum zum bayerischen Ministerpräsidenten gewählt.

Dem gesellschaftlichen Wertewandel jener Jahre stand der konservative Modernisierer Goppel sehr distanziert gegenüber. Seine Regierungserklärung vom 27. Januar 1971 macht die verschärfte Tonlage in den gesellschaftspolitischen Auseinandersetzungen deutlich: Er warnte davor, die Bundesrepublik könne ein *»sozialistischer Staat«* werden, was naturgemäß zu Entrüstung bei den Oppositionsfraktionen führte. Daneben standen wie gewohnt die Themen Wirtschaft und Bildung im Zentrum der Ausführungen des Regierungschefs. Darüber hinaus kündigte er eine weitreichende Neuordnung der kommunalen Gliederung Bayerns an.

Die Landtagswahl am 27. Oktober 1974 sollte zu seinem größten Erfolg geraten. Die Beliebtheit des Ministerpräsidenten kulminierte im nie übertroffenen Landtagswahlergebnis von 62,1 %. Zuvor wurde laut Goppel *»wieder ein aufreibender Wahlkampf geführt; 200–250 Veranstaltungen habe ich bestritten«*. Die CSU stellte nunmehr 132 Abgeordnete – damit fehlten der Partei nur vier Sitze für eine Zweidrittelmehrheit der Parlamentssitze. Abermals verlor die SPD bei der Landtagswahl 1974 an Zustimmung und erreichte nunmehr noch 30,2 %. Die FDP schaffte mit 5,2 % gerade noch den Einzug ins Parlament.

Ein mit der Signatur *»Goppel«* unterzeichnetes Plakat hatte im Vorfeld der Wahl mit den Worten geworben: *»Bayern muss ein menschliches Land bleiben, das seinen Bürgern Geborgenheit und Zuversicht gibt.«* Nicht den geringsten Niederschlag fanden im Wahlergebnis die Querelen der vorangegangenen Monate zwischen CSU-Parteichef Strauß und Ministerpräsident Goppel. Zum Jahresende 1974 erinnerte sich Letzterer: »*[T]rotz der erst in langen Monaten abgebauten Ehrgeize Strauß', dessen ›Verzicht‹ auf die Ministerpräsidentschaft für viele nicht endgültig ist – wofür auch sein langes ›Überlegen‹ zum Landtag zu kandidieren spricht – [...] kam es zu einem echt gemeinsamen Wahlkampf [...] und kam es dann auch zu einem unerwarteten Ergebnis von 62,1 % für die CSU*«.

Als jüngster Abgeordneter zog 1974 der 27-jährige Thomas Goppel in den Bayerischen Landtag ein, der auf der CSU-Liste für Oberbayern kandidiert hatte. Der stolze Vater im Ministerpräsidentenamt vermerkte in seinen Neujahrsaufzeichnungen, sein Sohn habe sich sehr eingesetzt und seinen Erfolg auch verdient. Erstmals in der Geschichte des Landtags saßen damit Vater und Sohn zugleich im Parlament.

Der CSU war es angesichts des fulminanten Ergebnisses auf Landesebene offenbar gelungen, die unterschiedlichen Traditionsgebiete Altbayern, Schwaben und Franken gleichermaßen hinter ihrem integrativen Ministerpräsidenten zu vereinen. Der Politikwissenschaftler Alf Mintzel erklärte das Sensationsergebnis der CSU im Jahre 1974 dadurch, dass diese »*eine gesamtbayerische Partei geworden*« und über ihr altes Sozialmilieu weit hinausgewachsen sei. Gleichwohl habe sie jedoch nicht ihren Charakter als katholische »*Bauern- und Handwerker-Partei*« verloren. Der neu gewählte Landtag konstituierte sich am 12. November 1974 und wählte den inzwischen 69-jährigen Alfons Goppel am selben Tag zum vierten Mal zum bayerischen Ministerpräsidenten.

DER PROTOTYP DES LANDESVATERS

Ministerpräsident Alfons Goppel, den der Volksmund bald liebevoll »*den Fonsä*« nannte, wird heute allgemein als der Prototyp des demokratischen »*Landesvaters*« angesehen. Schon bald nach Amtsantritt, spätestens ab 1965, wurde ihm dieser Ehrentitel auch in der Presse einhellig zuteil. Seine ständige Präsenz im Land und die gleichzeitige Intensivierung der Öffentlichkeitsarbeit ließen seine Beliebtheit rasch anwachsen. In ihm

CSU-Parteichef Strauß und Ministerpräsident Goppel am Abend der triumphal gewonnenen Landtagswahl vom 27. Oktober 1974

personifizierte sich der geglückte Versuch, Bayern in einer ungewissen Zeit gleichsam nach innen und nach außen mit leutseliger Volksverbundenheit und gesamtbayerischem Patriotismus darzustellen. Ihm gelang es, die integrative Rolle des Regierungschefs erstmals nach dem Zweiten Weltkrieg mit Leben zu erfüllen. Unterstützt wurde dieser Effekt sicher auch durch seine lange Amtsdauer.

Goppel setzte sich intensiv mit seiner Rolle als Regierungschef und Staatsoberhaupt auseinander und baute im Laufe seiner Amtszeit das Image des Landesvaters bis zur Perfektion aus. Bei ihm ist erstmals eine überlegt durchgeführte, auf die Person des Regierungschefs abgestimmte Popularisierungsstrategie erkennbar. Durch symbolische Politik und gezielte Pressearbeit wurde der Ministerpräsident in die monarchische Tradition gestellt. Goppel profitierte bei seinen repräsentativen Anstrengungen auch von der Suggestion seiner Überparteilichkeit. Der studierte Jurist kam aus der als eher unpolitisch geltenden Kommunalpolitik, in der Entscheidungen häufig über Parteigrenzen hinweg getroffen wurden. Als Innenminister hatte er sich den Ruf eines sachorientierten Poli-

Goppel und Strauß

Alfons Goppel und Franz Josef Strauß prägten, jeder auf seine Art, über mehrere Jahrzehnte die bayerische sowie die bundesdeutsche Politik und galten gleichermaßen als maßgebende Persönlichkeiten ihrer Partei. Der in Bonn für Wirbel sorgende, polarisierend-kraftvolle Bundespolitiker Strauß diente bis 1978 in mehreren Kabinetten als Bundesminister für besondere Aufgaben, Atomfragen, Verteidigung und Finanzen sowie als wirtschafts- und finanzpolitischer Sprecher der CDU/CSU-Fraktion im Bundestag. Seit 1961 hatte er den CSU-Parteivorsitz inne, den er bis zu seinem Tod im Jahr 1988 behielt. Daneben amtierte der auf Ausgleich bedachte, charakterlich milde, barocke, leutselige Goppel ab 1962 als bayerischer Ministerpräsident. Gehörte seinem ersten Kabinett noch ein Staatssekretär der koalierenden Bayernpartei an, führte er nach spektakulären Wahlerfolgen von 1966 bis 1978 nur noch CSU-Alleinregierungen in Bayern an.

Der Kontrast des konsensorientierten bayerischen Ministerpräsidenten zum polarisierenden CSU-Vorsitzenden war eklatant, zeichnete aber für die Erfolge der Partei mitverantwortlich. So verkündete Strauß am Abend der triumphal gewonnenen Landtagswahl von 1974, bei der die CSU mit 62,1 % ihren größten Erfolg erzielte: *»Alfons Goppel gewinnt Sympathien als Landesvater, und ich kann energisch und konsequent die politische Linie aufzeigen.«* Der Historiker und Strauß-Biograf Horst Möller urteilte, Goppel *»erwies sich als Glücksfall, doch in seiner ausgleichenden, landesväterlich-milden Art auch als Gegenpol zum ständig auf Hochtouren laufenden Kraftwerk Strauß. Bundespolitischen Ehrgeiz entfaltete Goppel ebenso wenig wie seine Vorgänger, trug aber durch die wachsenden landespolitischen Erfolge und CSU-Mehrheiten zum sicheren Fundament der Politik seiner Partei im Bund bei.«*

Das Nebeneinander der beiden politischen Leitfiguren Bayerns war ambivalent und charakterisierte den grundsätzlichen Konflikt zwischen Regierung und Partei sowie zwischen den Zielen der Landes- und Bundespolitik. Bundesfinanzminister Strauß vertrat beispielsweise im Rahmen der Verhandlungen zur Finanzreform deutlich andere Ansichten als die finanziell betroffenen Länder – was zu einem handfesten Konflikt mit Goppel führte. Einmütig hatte der Bayerische Landtag die Finanzreform noch im Dezember 1968 abgelehnt, bis Strauß und Goppel Ende Januar 1969 den *»Münchner Kompromiss«* aushandelten, der von beiden Seiten akzeptiert, jedoch als Niederlage des Letzteren gedeutet wurde.

Der in der Bevölkerung außerordentlich beliebte Goppel vermochte es zunehmend, in die Rolle des überparteilichen Landesvaters zu wachsen, entwickelte gleichsam jedoch keinerlei Ambition auf Strauß' Parteivorsitz. Andersherum wurde dem ehrgeizigen Machtmenschen Strauß jedoch spätestens ab Beginn der 1970er-Jahre der Wunsch nach einer Übernahme der bayerischen Landesregierung nachgesagt, was bald auch öffentlich diskutiert wurde. Dessen starke landespolitische Präsenz und die vermehrten Versuche, Einfluss auf die bayerische Regierung zu nehmen, führten zunehmend zu Konflikten. Strauß kritisierte beispielsweise Goppels Pläne für die Gebietsreform und übte in der Frage der Ostpolitik Druck auf ihn aus.

Es lag im Naturell des Regierungschefs, politische Lösungen auf eine möglichst breite Basis zu stellen. Goppel war daher auch im Falle von Strauß meist kompromissbereit. Das von der bayerischen FDP-Chefin Hildegard Hamm-Brücher gezeichnete Bild des *»Befehlsempfängers«* Goppel, der von Parteichef Strauß Anweisungen entgegennahm, geht allerdings an der politischen Realität vorbei. Dennoch zog er, wie das Magazin *»Der Spiegel«* im Sommer 1976 süffisant zu berichten wusste, *»bei den Zusammenstößen mit dem rüden Boss fast stets den Kürzeren. Und seit Strauß zunehmend in München mitmischt, nach der letzten Bundestagswahl vor allem, häufen sich Spott* *und Rücktrittsforderungen an die Adresse des 70jährigen.«* Goppel zog gleichwohl nicht nur gegenüber Strauß, sondern auch gegenüber dem Kabinett, der Partei oder der Fraktion deutliche Grenzen, wenn es um die Wahrung seiner verfassungsmäßigen Richtlinienkompetenz ging. Bezüglich seiner Zuständigkeiten als Regierungschef vertrat er feste juristische Grundsätze.

tikverwalters erworben. Innerhalb seiner Partei galt er als ein Moderator, der sich um Kooperation zwischen den verschiedenen Gruppierungen und um einen fairen Umgang mit den anderen Fraktionen bemühte.

Aus der Not seiner fehlenden parteiinternen Hausmacht vermochte Goppel eine Tugend zu machen. Pressechef Eberle, gleichsam ein enger Vertrauter des Regierungschefs, beschrieb dies später folgendermaßen: *»Goppels erster Schachzug zum Ausbau seiner Position war, entgegen allen wohlfeilen Rezepten der Politik, sich keine Hausmacht zu verschaffen. Nicht nur, dass er sich weiterhin keinem Flügel anschloss oder auch nur dem einen oder anderen Sympathie zeigte: sehr bald erlahmten die Flügel, die Integrationskraft des Ministerpräsidenten überwand die Spannungen.«* Ebenso versuchte er nie, sich durch die Übernahme von Ämtern auf CSU-Bezirks- oder Landesebene eine Machtbasis jenseits seines Ministerpräsidentenamtes zu verschaffen. Seine politische Basis blieb sehr breit und wurde laut Eberle durch seine Beliebtheit als Ministerpräsident getragen; *»er stärkte sich innerhalb der Partei und von außen her nicht nur durch die sachliche Arbeit, sondern auch durch ständige Präsenz im Lande [...]«*.

Der gebürtige Oberpfälzer erreichte durch seine joviale Art und seine Bereitschaft, unter das Volk zu gehen, eine für einen demokratisch gewählten Regierungschef in Bayern nie dagewesene Popularität. Bei der Bereisung des Landes knüpfte er an die Praxis an, die er bereits als Innenminister gepflegt hatte, intensivierte diese allerdings noch einmal deutlich: Durch die schier allgegenwärtigen öffentlichen Auftritte, Reden, Grußworte, Veröffentlichungen und die Pressearbeit wurde das

Alfons Goppel auf einer Kundgebung in München, 1974

Image des Ministerpräsidenten als überparteilicher Landesvater gezielt auf- und ausgebaut. Seine unzähligen Auftritte vor den unterschiedlichsten Gruppierungen und Interessengemeinschaften zeugen von der enormen räumlichen und thematischen Breite, mit der er sich auseinanderzusetzen hatte.

Wirtschaftsminister Schedl berichtete von der entgegenkommenden Art, mit der Goppel auf die Menschen zuging: *»Wenn er durchs Land reist, ist ihm jedes Gespräch wertvoll. Was er sagt, meint er auch wirklich. Dass dabei sein Humor immer wieder durchbricht, lässt ihn die Bürde des Amtes leichter ertragen.«* Auch für Staatskanzlei-Pressechef Eberle war Goppels Erfolg als Ministerpräsident vor allem an dessen repräsentativer Allgegenwart festzumachen: *»Das alles zusammen brachte ihm in ganz Bayern Bekanntheit und Beliebtheit ein, die ihn für seine Partei unentbehrlich für Wahlerfolge machten und ihm damit eine stärkere Stellung garantierten, als je eine Gruppierung zustande gebracht hätte.«*

Als Beispiele für die unterschiedlichsten Anlässe, die Goppel geschickt zur politischen Repräsentation nutzte, seien die Wiedereröffnung des Münchner Nationaltheaters, die Freigabe des letzten Autobahnstücks Frankfurt–Nürnberg–München oder die Grundsteinlegung der neuen Landesuniversität in Regensburg genannt. Einen der Höhepunkte in Goppels ersten Regierungsjahren bildete der München-Besuch der Königin Elizabeth II. von England im Jahr 1965. Zu diesem Anlass ließ er die Bayernhymne in das Protokoll bei Staatsempfängen aufnehmen und zur allgemeinen Überraschung beim offiziellen Empfang am Münchner Hauptbahnhof spielen. Hinzu kamen zahlreiche weitere Besuche ausländischer Staatsoberhäupter, etwa die des persischen Kaiserpaares, des Kaiserpaares von Afghanistan, des belgischen Königspaares oder des ägyptischen Staatschefs Anwar El-Sadat. Auf seinen eigenen Auslandsbesuchen betrieb Goppel Werbung für das Image Bayerns in der Welt.

Die großangelegte Asienreise des Jahres 1968, die den bayerischen Ministerpräsidenten über die Türkei in den Iran, nach Afghanistan, Pakistan und Nepal führte, wurde auf der anderen Seite in der heimischen Presse – wegen der Kosten und der zweifelhaften Zweckmäßigkeit – teils heftig kritisiert. Die *»Süddeutsche Zeitung«* stellte jedoch in diesem Zusammenhang auch den politischen und volkswirtschaftlichen Nutzen der durch Goppel betriebenen bayerischen Außenpolitik heraus und befand durchaus anerkennend: *»Es war immer Deutschlands Schwäche, [...] dass seine führenden Männer zu wenig Auslandserfahrung hatten. Es können daher gar nicht genug Länderfürsten ins Ausland reisen [...]. Goppel bringt eine besondere Begabung für diese Art Reisen mit; durchaus nicht alle deutschen Würdenträger, die sich für Auslandsreisen berufen fühlen, agieren so gelöst und so geschickt wie er.«*

Der großzügige Repräsentationsstil unter Goppel und die selbstbewusste Art der politischen Inszenierung der eigenen Identität traf bei der bayerischen Bevölkerung weitgehend auf Zustimmung. Die Presse wiederum nahm die politische Kommunikation des Ministerpräsidenten nicht ohne Humor auf.

Königin Elizabeth II. bei ihrem München-Besuch mit Ministerpräsident Goppel im offenen Wagen, 1965

Die *»Süddeutsche Zeitung«* veröffentlichte im Jahr 1970 eine Karikatur der bayerischen Ministerpräsidenten, in der Goppel mit dem Herrschertitel *»Alfons der Prächtige«* aufs Korn genommen wurde.

Die aus seinem Image abgeleitete quasi-direktdemokratische, überparteiliche Legitimationsbasis nutzte er, um sich den inneren Kämpfen seiner Partei zu entziehen. Er selbst beschrieb im Nachhinein, wieso er seine repräsentativen Aufgaben als Ministerpräsident als derart bedeutungsvoll verstand: *»Reden, Staatsempfänge, Besuche draußen im Land, auch Ordensverleihungen – dies alles habe ich niemals nur als bloßen Ausdruck staatlicher Repräsentation oder Erfüllung protokollarischer Pflichten, sondern als eine wichtige politische Aufgabe angesehen. Es galt, den freiheitlich-demokratischen Staat zu verlebendigen, ihn dem Bürger nahezubringen, ihn aus seiner Abstraktheit zu lösen und von dem Bürokratisch-Apparathaften zu befreien, zu dem der moderne Leistungsstaat zu entarten droht.«*

Die Söhne machen Karriere

Die Wochenzeitung »*Die Zeit*« widmete den Söhnen des Ministerpräsidenten 1975 eine kritische, aber dennoch anerkennende Betrachtung. Diese seien *»auf der beruflichen Erfolgsleiter flott nach oben geklettert. Sicher half dabei der Name Goppel, auch wenn der Ministerpräsident nicht nur nach dem Motto ›Der Papa werd's scho richtn‹ verfuhr.«* Gleichwohl sei es erstaunlich, *»wie die fünf tüchtigen Sprösslinge des Goppel-Clans ihre Karrieren vorantreiben.«*

Alfons und Gertrud Goppel hatten allen Grund, auf die Kinder stolz zu sein. Michael, der älteste Sohn, war in den bayerischen Staatsdienst eingetreten. Im Rang eines Regierungsdirektors im Kultusministerium ließ er sich 1968 mit 38 Jahren beurlauben und wurde zur Europäischen Gemeinschaft (EG) nach Brüssel abgeordnet. Der zielstrebige Beamte avancierte zum Vertreter der EG für Fragen der europäischen Energiepolitik in Washington und später zum Generaldirektor der EURATOM-Versorgungsagentur in Brüssel. In letzterer Funktion zählte er zu den entschiedenen Befürwortern des Baus der Forschungs-Neutronenquelle der Technischen Universität München, die 2004 in Betrieb genommen wurde.

Der zweite Sohn, Ludger, studierte Medizin und ließ sich am »Deutschen Herzzentrum des Freistaates Bayern« in München zum Facharzt ausbilden. Über mehr als zwei Jahrzehnte sollte er bis zu seinem Ruhestand als Chefarzt der Inneren Medizin und Ärztlicher Direktor bei der Klinik Mühldorf am Inn wirken.

Bernhard trat in die akademischen Fußstapfen seines Vaters und studierte Rechtswissenschaften, bevor er in der Bundeswehr bis zum Hauptmann aufstieg. Seine Karriere in der Industrie führte ihn unter anderem zur Rüstungsfirma Diehl sowie zur Rheinmetall. Er war im Laufe der Jahre als Vorstand und als Geschäftsführer in die Leitung mehrerer Industrieunternehmen in der Chemie- und Rüstungsbranche eingebunden.

Thomas schaffte im Oktober 1974 als Bayerns jüngster Landtagsabgeordneter den Sprung ins Münchner Maximilianeum. Parteifreunde stellten laut *»Die Zeit«* dem hart arbeitenden jungen Parlamentarier *»übereinstimmend das denkbar beste Zeugnis aus«*. Er sei ein *»sympathischer, bescheidener und emsiger Kollege.«* Er sollte in die beruflichen Fußstapfen seines Vaters treten: Zwischen 1986 und 2008 diente er in verschiedenen Funktionen über insgesamt 17 Jahre als Mitglied der Bayerischen Staatsregierung. Zudem zeichnete er als Generalsekretär der CSU zwischen 1999 und 2003 für eine Reihe von beeindruckenden Wahlerfolgen mitverantwortlich.

Das *»Nesthäkchen der Goppels«*, der 1952 geborene Christoph, studierte im nördlich von München gelegenen Weihenstephan das damals noch neue Studienfach Landeskunde. Dieses wurde *»speziell auf die Bedürfnisse der Landesentwicklung und des Umweltschutzes ausgerichtet«*. Tatsächlich sollte die Karriere des Landeskundlers nach seiner Promotion von jahrzehntelangen Bemühungen um den Arten-, Natur- und Umweltschutz in Bayern geprägt sein. Unter anderem leitete er die Akademie für Naturschutz und Landschaftspflege in Laufen sowie das Referat Umweltbildung im Bayerischen Staatsministerium für Umwelt und Verbraucherschutz.

Die Familie Goppel empfand die Karrieren der zielstrebigen Söhne als ganz normale Entwicklung. Thomas Goppel wurde mit dem Satz zitiert: *»Bei uns ist die Familie halt noch intakt. Auch wenn wir nicht mehr wie früher dazu kommen, einmal in der Woche zusammen Schafkopf zu spielen.«*

Anlässlich Goppels 70. Geburtstags urteilte die Journalistin Brigitte Zander in der liberalen Wochenzeitung *»Die Zeit«* unter der Überschrift *»Landesvater mit Leidenschaft«* geradezu überschwänglich: *»Der christsoziale Oberpfälzer wuchs sich im Laufe seiner Regentenjahre von einem profillosen Politiker zu einem un-*

kündbaren Monument bajuwarischer Selbstdarstellung aus. Alfons Goppel erhielt seine Weihe vom Volk. Seinem familienväterlichen Image bei den ›Landeskindern‹ verdankt er bis heute seine Stellung.« Über den zu diesem Zeitpunkt bereits seit 13 Jahren im Amt befindlichen Ministerpräsidenten schrieb *»Die Zeit«* weiter: *»Goppel gehört noch zu den Landesvätern alter Schule. Ihm liegt keine intellektuell ausgefeilte Argumentation; der humanistisch gebildete Senior palavert lieber bajuwarisch, gemütlich, unbekümmert.«* In der Vorstellung der Öffentlichkeit schwebte er Mitte der 1970er-Jahre *»weit über Parteigezänk und politischen Wahlkampf-Tricks. Er hat eine Stufe der Unantastbarkeit erreicht, die selbst bei den jüngsten brutalen Stimmenjagden im Lande von den Regierungsgegnern sorgfältig berücksichtigt wurde. Ein Angriff auf ihn gehört für Sozialdemokraten wie Liberale in die Tabuzonen politischer Kriegsstrategie«.*

7 Moderne Zeiten

»Maßvoll und menschlich, verbindlich und vernünftig, weltoffen und dabei in Geschichte und Brauch dieses Landes verwurzelt – so verkörperte Alfons Goppel in seiner Persönlichkeit und seiner Leistung beste bayerische Tradition.«

FRANZ JOSEF STRAUSS, 1978

LANDESPLANUNG IN ZEITEN DES STRUKTURWANDELS

Bayerns Wirtschaft wuchs in Goppels 16-jähriger Regierungszeit kräftig weiter. Der Umsatz der bayerischen Industrie erhöhte sich zwischen den Jahren 1960 und 1975 von 32,7 Mrd. auf 109,2 Mrd. DM, was einer Steigerung von 234 % entsprach und den Bundesdurchschnitt bei Weitem übertraf. Während sich die Landwirtschaft auf dem Rückzug befand, wuchs der Dienstleistungssektor massiv an. Den Aufschwung konnte auch der Ölpreisschock Mitte der 1970er-Jahre nicht nachhaltig stören. Der Historiker Karl-Ulrich Gelberg fasste die rasante und teils ambivalente Entwicklung Bayerns in jenen Jahren eindringlich zusammen: *»Die ökologischen Schattenseiten der Industrialisierung, [...] Städtebau und Denkmalschutz, Olympische Spiele, Ölkrise, der Bau von Kernkraftwerken, Krankenhäusern und Kläranlagen, die wachsende Zahl der Gastarbeiter und die Erosion ehemals stabiler sozialer Milieus, der dramatische Rückgang der Kirchenbindung, 1968 und Terrorismus, die Gebietsreform, die Bildungsexpansion mit dem Ausbau von Schulen und Hochschulen sowie der Siegeszug des Fernsehens [...] sorgte[n] vielfach auch für Irritation und Verwirrung.«*

Die bayerische Staatsregierung reagierte mit einer nie dagewesenen Gesetzesflut, um die Rahmenbedingungen für die Herausforderungen dieser neuen Zeit zu schaffen. Während der *»Ära Goppel«* griff die zeittypische Planungseuphorie, die in der Bundesrepublik zwischen der Mitte der 1960er- und der Mitte der 1970er-Jahre ihren Höhepunkt erreichte, auch auf Bayern über. Besonders in der Wirtschaftspolitik wurde dies sichtbar, wo der Liberalismus Erhardscher Prägung durch die *»Global-*

steuerung« des Bundeswirtschaftsministers der Jahre 1966 bis 1972, Karl Schiller, abgelöst wurde. Jedoch auch in der Finanz-, Forschungs- und Bildungspolitik oder in der Organisation der politischen Administration wurde die strukturierte Landesentwicklung zum großen Thema.

Alfons Goppel rückte als Ministerpräsident spätestens ab 1964 die zielbewusste Ordnung des Raumes in den Vordergrund. Die von ihm propagierte Strukturpolitik bündelte verschiedene Einzelthemen erstmals zu einem in sich geschlossenen, stimmigen und umfassenden Leitbild der sozioökonomischen Landesentwicklung Bayerns für die absehbare Zukunft. Mit einer Regierungserklärung versuchte der Ministerpräsident, die Akzeptanz für eine intensivere Strukturpolitik zu gewinnen, indem er diese mit weithin akzeptierten familien- und sozialpolitischen Vorstellungen der CSU verband.

Die Tendenzen des kulturellen und ökonomischen Auseinanderstrebens von Stadt und Land, der *»Entvölkerung des flachen Landes und der weiteren Verdichtung in wenigen Zentren«*, sowie der durch den Strukturwandel hervorgerufenen Einkommens- und Ansehensverluste sollten durch politisches Handeln eingedämmt werden. Für Goppel stand schon in seiner ersten Amtsperiode fest, dass Bayern angesichts dieser Diagnosen *»weiter zu industrialisieren«* sei. Hierbei hatte er mehr als bloße Gewerbeförderung im Sinn. Das steuernde Potential der Politik sollte seiner Ansicht nach genutzt werden, um Bayern nach den Prinzipien einer dezentralen Landesentwicklung planvoll umzugestalten. Er griff auf die jüngsten landesplanerischen Arbeiten des Wirtschaftsministeriums zurück, als er 1964 vor dem Landtag ausführte, dass die Staatsregierung die Strukturprobleme durch eine gezielte Streuung der Industrieansiedlung, die Einteilung des bayerischen Territoriums in sozio-ökonomische Räume und die Erstellung regionaler Raumordnungspläne angehen wolle.

Das Thema Landesplanung faszinierte ihn offenbar so sehr, dass er 1971 für das Buch *»Bayern auf dem Weg in das Jahr 2000«* – neben einer Reihe von Experten aus Wissenschaft und Verwaltung – einen eigenen Beitrag verfasste. Unter dem Titel

»Ein Land plant seine Zukunft« verwies Goppel auf eine lange Liste von Plänen und Programmen, die seine Regierung teils bereits erfolgreich umgesetzt habe, teils noch vorbereite. Nahezu alle Facetten bayerischer Politik schienen in seiner Aufzählung abgedeckt – selbst Detailproblemen wurde Beachtung geschenkt, etwa in einem *»Schlacht- und Viehhofstrukturplan«* oder einem *»Molkereistrukturplan«*. Er wollte all dies jedoch nur als *»Vorarbeiten und Teilaspekte des umfassenden Landesentwicklungsprogrammes«* verstanden wissen, welche *»für das ganze Land [...] unter Beachtung der wirtschaftlichen und sozialen, der kulturellen und gesellschaftlichen Erfordernisse alle planerischen Bereiche zusammenfassen und aufeinander abstimmen«* sollten.

Die Reform- und Planungseuphorie nahm im Laufe der 1970er-Jahre wieder ab. In der Hochphase der Umsetzung der Reformen der Staatsregierung ab 1972 war bereits eine Regression spürbar. Goppel empfahl schon 1974, zunächst einmal die neuen Gesetze mit Leben zu erfüllen, bevor an weitere Reformen zu denken war. Mit dem Inkrafttreten des umfangreichen bayerischen Landesentwicklungsprogrammes von 1976 gelangten die Raumordnung und Landesplanung an einen vorläufigen Endpunkt. Als die Staatsregierung endlich den großen Plan für Bayern gefasst hatte, musste sie jedoch in dessen wirtschaftspolitischer Umsetzung aus konjunkturellen Gründen deutliche Abstriche machen.

BAYERN UND DER BUND IN DER ÄRA GOPPEL

Ein durchgängiges Hauptanliegen des Ministerpräsidenten Goppel war die im Grundgesetz der Bundesrepublik Deutschland festgelegte Wahrung des föderalen Prinzips. Er hegte die Befürchtung, dass die Rechte der Länder und die Aufgaben des Bundesrats durch eine schleichende Zentralisierung ausgehöhlt würden. Um die Bedeutsamkeit dieses Themas zu unterstreichen, schuf er als Ministerpräsident in einer seiner ersten Amtshandlungen ein Staatsministerium für Bundesangelegenheiten.

Eine empfindliche Niederlage im Kampf um das föderale Gleichgewicht musste Goppel im Rahmen der Finanzreform

Bundesratspräsident Alfons Goppel übergibt sein Amt an seinen turnusgemäßen Nachfolger Hans Filbinger, 1973

der Großen Koalition unter Bundeskanzler Kiesinger hinnehmen. Der bayerische Ministerpräsident hatte lange gegen die entsprechenden Pläne des Bundesfinanzministers Strauß gekämpft. Letztlich wurde durch die im Jahr 1969 verabschiedete Finanzreform die Stellung der einzelnen Länder gegenüber der Bundesrepublik spürbar geschwächt. Goppel, der auf Kompromisse gehofft hatte, *»denen wir gerade noch zustimmen können, ohne selbst als Föderalisten unglaubwürdig zu werden«*, ging in seiner Missbilligung so weit, dass er eine Verfassungsklage gegen die auf verschiedene finanzwirksame Sektoren ausgeweitete Bundesgesetzgebung erwog.

Da nur wenige CSU-Bundestagsabgeordnete gegen die durch die bayerische CSU-Landesregierung bekämpfte Reform gestimmt hatten, schrieb der *»Münchner Merkur«*, es gebe *»offenbar zweierlei Bayern: Bayern am Rhein und Bayern an der Isar«*. Die Wendung *»zweierlei Bayern«* macht die Dichotomie des Föderalismus deutlich – und damit die divergierenden Interessen der bundespolitisch und der landespolitisch tätigen CSU-Akteure.

Im Jahr 1972 übernahm Goppel als bayerischer Ministerpräsident routinemäßig die Präsidentschaft des Deutschen Bundesrats, dessen Rechte er gegenüber der Bundesregierung wiederholt einforderte. Er sorgte sich zudem um die mangelnde Repräsentanz und Akzeptanz des Bundesrats in der Öffentlichkeit, da dieser nur wenig konstruktiv arbeitete und meist nur bei der Ablehnung von Gesetzesvorhaben in Erscheinung trat. In seiner ersten Rede als Bundesratspräsident am 1. Dezember 1972 sprach er davon, das föderalistische Verfassungsprinzip habe gleichwertig neben Demokratie und Rechtsstaatlichkeit zu stehen.

Mit der Gründung der *»Arbeitsgemeinschaft der Alpenländer« (»ARGE-ALP«)* durch Bayern zusammen mit den Partnerregionen Tirol, Vorarlberg, Salzburg, Graubünden, Bozen, Trient und Lombardei im Jahre 1972 betrieb Goppel sogar eine eigenständige bayerische Außenpolitik im Wirtschafts- und Kulturbereich. Das Ziel der gemeinsamen grenzübergreifenden Maßnahmen der Alpenregionen war die Erhaltung und Weiterentwicklung des mittleren Alpenraums als Heimat für die dort lebenden Menschen sowie als Wirtschaftsraum.

Zögerlich zog Goppel im Jahr 1973 auf Drängen von Franz Josef Strauß mit einer Normenkontrollklage Bayerns vor das Bundesverfassungsgericht, um den Grundlagenvertrag der von Willy Brandt geführten Bundesregierung mit der DDR überprüfen zu lassen. Strauß hatte sich parteiintern erst nach heftigen Diskussionen mit seiner Sicht durchgesetzt, dass die *»Neue Ostpolitik«* die auf die Wiedererlangung der staatlichen Einheit ausgerichteten Aussagen des Grundgesetzes zu entwerten drohe. Das Karlsruher Urteil bestätigte zwar im Juli 1973 die Verfassungsmäßigkeit des Grundlagenvertrags, bekräftigte zugleich aber, dass kein Verfassungsorgan das Ziel der Wiedervereinigung aufgeben dürfe. 17 Jahre später, im Rahmen der Verhandlungen um die Deutsche Einheit, sollte sich der hohe Wert dieses Urteils erweisen.

DIE OLYMPISCHEN SPIELE 1972

Insbesondere in der bayerischen Landeshauptstadt wird Ende der 1960er-Jahre eine rasante Modernisierung sichtbar. Goppel unterstützte das Projekt der Bewerbung Münchens um die Austragung der Olympischen Spiele im Jahr 1972 – trotz Bedenken wegen der dadurch entstehenden Kosten –, ebenso wie den damit zusammenhängenden Bau der S-Bahn-Stammstrecke und der U-Bahn, den Ausbau des Mittleren Rings, die Umgestaltung der Fußgängerzone und nicht zuletzt die Errichtung des Olympiageländes. Die bayerische Staatsregierung vertrat den Standpunkt, dass die finanziellen Lasten angesichts der Werbewirksamkeit der Spiele dennoch gerechtfertigt seien.

Münchens damaliger Oberbürgermeister, der SPD-Politiker Hans-Jochen Vogel, erinnerte sich Jahrzehnte später, wie er im Herbst 1965 die Möglichkeit einer Olympiabewerbung erstmals bei der bayerischen Staatsregierung sondiert hatte: *»Dann bin ich zum bayerischen Ministerpräsidenten Alfons Goppel (CSU) in die Staatskanzlei gegangen: ›Jawohl, Bayern beteiligt sich und stimmt zu‹, erklärte er zu meiner Freude sehr schnell. Das habe ich Alfons Goppel nie vergessen. Er war ein Landesvater, Parteigrenzen haben bei unserer Bewerbung keine Rolle gespielt.«*

Vogel, Goppel und der Präsident des deutschen Olympischen Komitees, Willy Daume, flogen im November 1965 nach Bonn, wo sie auch Bundeskanzler Ludwig Erhard überzeugten. München erhielt im Frühjahr 1967 den Zuschlag des Internationalen Olympischen Komitees (IOC). Am Ende deckten der Bund die Hälfte, die Stadt München und der Freistaat Bayern jeweils ein Viertel der Kosten der Spiele ab. Am 26. August 1972 eröffnete Bundespräsident Heinemann die XX. Olympischen Spiele in einer farbenfrohen Feier – mit Beteiligung bayerischer Schuhplattler, des Tölzer Knabenchors sowie Berchtesgadener Böllerschützen. Ministerpräsident Goppel besuchte in Begleitung von Bundeskanzler Willy Brandt und des französischen Staatspräsidenten Georges Pompidou Leichtathletik-Wettkämpfe.

Überschattet wurden die heiteren Spiele von München von einem palästinensischen Terrorangriff, der am frühen Morgen

Ministerpräsident Goppel besucht zusammen mit Frankreichs Staatspräsident Pompidou und Bundeskanzler Brandt Leichtathletik-Wettkämpfe bei den Olympischen Spielen von München, 1974

des 5. September seinen Lauf nahm. Nach der berühmt gewordenen Parole »*The games must go on*« durch den Präsidenten des IOC setzte man die Spiele fort, die in gedrückter Stimmung am 11. September 1972 endeten. Im Rückblick wurden jedoch Ansehen, Freizeitwert und Bekanntheit der bayerischen Landeshauptstadt durch die Olympischen Spiele des Jahres 1972 sowie die begleitenden Infrastrukturmaßnahmen erheblich gesteigert, was die Attraktivität des Wirtschaftsstandortes Bayern langfristig erhöhte.

DER UMGANG MIT DER TERRORISTISCHEN BEDROHUNG

Zu den großen innenpolitischen Herausforderungen der 1970er-Jahre gehörte die Auseinandersetzung mit verschiedenen Formen von Gewalt. Dem aufkeimenden Terrorismus hatte sich Ministerpräsident Goppel erstmals infolge des Olympia-Attentats von 1972 zu stellen. Acht palästinensische Terroristen waren am 5. September 1972 in die israelischen

Das Olympia-Attentat

Am frühen Morgen des 5. September 1972 überwanden acht Palästinenser der Gruppe *»Schwarzer September«* den Zaun zum Olympischen Dorf in München. Die schwer bewaffneten Terroristen stürmten die israelischen Quartiere, erschossen zwei Sportler und brachten neun weitere in ihre Gewalt. Die Geiselnehmer forderten die Befreiung von 200 Gefangenen aus israelischer Haft. Umgehend wurde ein polizeilicher Einsatzstab gebildet, ebenso trafen eine Reihe politisch Verantwortlicher im Olympischen Dorf ein – darunter Bundesinnenminister Hans-Dietrich Genscher, der bayerische Innenminister Bruno Merk sowie Ministerpräsident Alfons Goppel.

Vertreten waren in diesem *»politischen Krisenstab«* nicht nur die wichtigsten parteipolitischen Richtungen, sondern auch unterschiedliche Kompetenzebenen – Bund, Bayern, Stadt München, Landespolizei und Olympisches Komitee. Das Bundeskabinett in Bonn trat ebenfalls zu Beratungen zusammen. Genscher war bereits am frühen Morgen von Bundeskanzler Brandt autorisiert worden, *»im Zusammenwirken mit der bayerischen Staatsregierung alles Notwendige zur Rettung der Geiseln zu tun«*. Die israelische Regierung teilte mit, sie werde nicht auf die Forderungen der Geiselnehmer eingehen, was die Optionen des Krisenstabs stark einschränkte.

Am Nachmittag verlangten die Terroristen ein Flugzeug für den freien Abzug mit den Geiseln. Man entschied sich, zum Schein auf die Forderung einzugehen – daher flogen am späten Abend mehrere Hubschrauber die Geiselnehmer und Geiseln zum Bundeswehrflughafen Fürstenfeldbruck. Dort war inzwischen eine Boeing 727 – mit als Flugbegleitern getarnten Einsatzkräften der bayerischen Polizei an Bord – bereitgestellt worden. Zudem befanden sich fünf Scharfschützen vor Ort. Als zwei der Terroristen nach einer Inspektion die Lufthansa-Maschine wieder verließen, wurde das Feuer eröffnet. Zwi-

schen Geiselnehmern und Polizeikräften entspann sich ein heftiges Gefecht, dem vier Terroristen und ein deutscher Polizist zum Opfer fielen.
Angesichts ihrer zunehmend aussichtslosen Lage töteten die verbleibenden Terroristen acht israelische Geiseln. In einem der beiden Hubschrauber zündete ein Palästinenser eine Handgranate und wurde daraufhin beim Fluchtversuch erschossen. Die einzige noch lebende israelische Geisel erstickte im brennenden Helikopter. Erst gegen halb zwei Uhr nachts gelang es den Einsatzkräften, die letzten drei überlebenden Terroristen zu überwältigen. Die Bilanz des Tages war niederschmetternd: Das Attentat sowie der katastrophal gescheiterte Befreiungsversuch der bayerischen Polizei kosteten elf Israelis, einen Polizisten und fünf Palästinenser das Leben und forderten zahlreiche Verletzte.

Quartiere eingedrungen, hatten zwei Sportler erschossen und neun weitere in ihre Gewalt gebracht. Bei dem gescheiterten Befreiungsversuch am Abend desselben Tages starben alle verbleibenden Geiseln, ein deutscher Polizist und fünf der Terroristen. Im Nachgang des Polizeieinsatzes bot Bayerns Innenminister Merk seinen Rücktritt an, den Goppel jedoch strikt ablehnte. Öffentlich räumten weder die Bundesregierung noch die bayerische Staatsregierung gravierende Fehler ein. Der Innenausschuss des Bundestages konstatierte, es sei *»das nach Lage der Dinge Mögliche getan, angemessen gehandelt und richtig entschieden worden«*.

Eine politische Verantwortung für das Blutbad in Fürstenfeldbruck sah zunächst auch die bundesdeutsche Presse nicht. Zweifellos waren die Handlungsspielräume des *»politischen Krisenstabs«* gering und es ist angesichts des kaltblütigen Vorgehens der Palästinenser fraglich, ob ein besseres Krisenmanagement einen glücklicheren Ausgang der Geiselnahme zur Folge gehabt hätte. Eine unmittelbare politische Reaktion auf das Olympia-Attentat war die Gründung der polizeilichen Spezialeinheit *»GSG 9«*.

Der ebenfalls die bundesdeutsche Ordnung bedrohende deutsche Linksterrorismus konnte mit der Verhaftung der führenden Köpfe der Baader-Meinhof-Gruppe im Juni 1972 nicht beendet werden. Die Brutalität der Anschläge nahm im Verlauf der 1970er-Jahre sogar noch zu. Im September 1977 gipfelte die Terrorwelle im so genannten *»Deutschen Herbst«* mit der Entführung des Arbeitgeberpräsidenten Hanns-Martin Schleyer durch die *»Rote Armee Fraktion«* sowie der Entführung der Lufthansa-Maschine *»Landshut«* durch palästinensische Terroristen. Alfons Goppel war während dieser schweren Krise als bayerischer Ministerpräsident Mitglied des *»Großen Krisenstabs«* der durch Kanzler Helmut Schmidt geführten Bundesregierung. Dieser grundgesetzlich nicht vorgesehene Beratungszirkel erwirkte eine intensive Rasterfahndung, eine Kontaktsperre für die inhaftierten *»RAF«*-Terroristen, eine Nachrichtensperre für die deutsche Presse und eine Änderung der Strafprozessordnung. Am 18. Oktober gelang es der *»GSG 9«*, das entführte deutsche Flugzeug in Mogadischu zu stürmen und die Geiseln zu befreien, woraufhin die inhaftierten *»RAF«*-Mitglieder in ihren Zellen in Stuttgart-Stammheim Selbstmord begingen. Einen Tag später fand man im Kofferraum eines Autos im Elsass die Leiche Hanns-Martin Schleyers.

Mit dem wenige Wochen später durch die Staatsregierung erlassenen Maßnahmenkatalog zur Bekämpfung des Terrorismus beanspruchte Bayern eine führende Stellung auf diesem Gebiet. Das Gesetz über die Aufgaben und Befugnisse der bayerischen Polizei vom August 1978, welches den *»finalen Rettungsschuss«* legitimierte, ist ebenfalls vor dem Hintergrund einer Politik zu sehen, die die innere Sicherheit in den Vordergrund rückte.

DIE MODERNISIERUNG BAYERNS

Alfons Goppel zählte als Landespolitiker, *»herausgefordert durch die gesellschaftlichen, wirtschaftlichen und politischen Umbrüche […] und rückgebunden im christlich-humanistischen Wertegefüge, an Familie und Katholische Kirche, zu den bisweilen auch getriebenen konservativen Modernisierern […], die früh auf die* *wachsenden internationalen Interdependenzen ihrer Zeit reagiert haben«*, wie es die Historikerin Claudia Friemberger treffend beschrieb. Energisch trieb er die Modernisierung Bayerns voran, blieb jedoch stets darauf bedacht, diese mit der heimatlichen Tradition in Einklang zu bringen. Die Verabschiedung des bayerischen Denkmalschutzgesetzes und die Gründung des Landesdenkmalrats im Jahr 1973 sollten den Erhalt des kulturellen Erbes im Freistaat sichern. In Goppels Amtszeit wurden außerdem das Münchner Nationaltheater und weitere Schauspielhäuser mit hohem Kostenaufwand wiederaufgebaut – während man gleichzeitig Hochtechnologie ins Land holte.

Die konservativen und innovativen Bestrebungen des Ministerpräsidenten verbanden sich besonders harmonisch in der Schaffung des ersten Ministeriums für Landesentwicklung und Umweltfragen am 8. Dezember 1970. Dieses war als Oberste Landesbehörde für Raumordnung und Landesplanung, für den Kampf gegen Schädigungen und Gefahren, die Natur, Landschaft, Boden, Wasser und Luft drohen, für Landschaftsschutz und Landschaftspflege sowie Freizeit und Erholung zuständig. Goppel darf als einer der Urväter der später mit *»Laptop und Lederhose«* umschriebenen Strategie der CSU gelten, die auf die Verbindung von Tradition und Moderne abzielt. Mit der ersten Erdölraffinerie in Ingolstadt, die ihr Öl über Pipelines von Mittelmeerhäfen bezog, und dem ersten großen Kernkraftwerk im schwäbischen Gundremmingen wurde dem Land preiswerte Energie zur Verfügung gestellt. Die Staatsregierung setzte bei der Umstellung der Energieversorgung Bayerns konsequent auf Kernenergie, zumal von möglichen Atomkatastrophen noch keine Rede war. Die Errichtung mehrerer bayerischer Atomkraftwerke, darunter Niederaichbach und Ohu bei Landshut, fällt daher ebenfalls in die 1960er-Jahre.

Goppel war sich der sozialen und ethischen Herausforderungen des technologischen Fortschritts jedoch bewusst, wie er in einer Rede im Sommer 1965 betonte: *»In der großen und immer härter werdenden Auseinandersetzung in dieser unserer technisierten und in den Himmelsraum ausgreifenden Welt sind* *zwar Roboter und Rechenmaschinen notwendig, der lebendige Mensch kann durch sie nicht ersetzt werden.«*

Zu seinen umstrittensten Hochtechnologieprojekten gehörte die beabsichtigte Errichtung des 1,5 Milliarden DM teuren CERN-Protonenbeschleunigers im Ebersberger Forst östlich von München. Der Ministerpräsident sah darin eine Bereicherung der kernphysikalischen Grundlagenforschung in Bayern, die den Zuzug zahlreicher Wissenschaftler von internationalem Rang erhoffen lasse. Während das Atomforschungsprojekt von allen Fraktionen gutgeheißen wurde, schieden sich am Erhalt des Ebersberger Forstes jedoch sowohl im Landtag als auch in der Öffentlichkeit die Geister. Der Unwille der Bevölkerung führte schließlich 1965 zum ersten Antrag für ein Volksbegehren in Bayern, welches den Erlass eines Waldsicherungsgesetzes zum Ziel hatte. Die Wogen glätteten sich erst, als Bayern bei der Vergabe des Atomforschungsprojekts, das letztlich in der Nähe von Genf realisiert wurde, leer ausging.

Im Sommer 1973 wurde auch die Rundfunkfreiheit in Bayern neu geregelt. Ein zwischen CSU-Chef Strauß und den Spitzen der bayerischen SPD und FDP ausgehandelter Kompromiss, der einerseits die Einführung des privaten Rundfunks grundsätzlich ermöglichte, andererseits die öffentlich-rechtliche Trägerschaft des Rundfunks in der Verfassung verankern sollte, fand im Rahmen eines Volksbegehrens die Zustimmung der Bevölkerung.

In Goppels Regierungszeit fiel außerdem die Bildungsexpansion mit der Neugründung der Landesuniversitäten Regensburg, Augsburg, Bayreuth, Passau und Bamberg sowie dem Ausbau der Hochschule Eichstätt. Das bayerische Fachhochschulgesetz aus dem Jahr 1970 schuf praxisorientierte Lehrstätten, deren Aufgabe es sein sollte, Studenten für die selbständige Anwendung wissenschaftlicher Methoden in der Berufspraxis auszubilden.

Goppels ab 1964 realisierter *»Schulentwicklungsplan«* sah eine rasche Zunahme der höheren, der Mittel- und der Berufsaufbauschulen vor allem in den ländlichen Regionen Bayerns vor. Bis 1970 wurden so 175 zusätzliche Gymnasien geschaffen.

Grundsteinlegung der Universität Regensburg in Anwesenheit des Ministerpräsidenten, 1965

Die Bildungsexpansion brachte zudem eine Reform der Lehrerbildung mit sich. Mit dem Abschied von den traditionellen Bekenntnisschulen durch die christlichen Gemeinschaftsschulen infolge des Volksentscheides von 1968 wurde ein jahrzehntelanger Streit beendet. Goppel hätte die Bekenntnisschulen zwar gerne erhalten, musste sich jedoch mit dem überparteilichen Gesetzentwurf arrangieren, den Parteichef Strauß mit der FDP und der SPD ausgehandelt hatte.

Den Studentenunruhen von 1968, deren bayerisches Epizentrum die Landeshauptstadt München war, wo bis zu 10 000 Studenten den Verkehr blockierten, Theateraufführungen störten und die Bahnsteige des Hauptbahnhofs besetzt hielten, begegneten Ministerpräsident Goppel und sein Innenminister Bruno Merk mit dem Willen zur Deeskalation. Das Innenministerium hielt die Forderungen der Studentenschaft nach einer Liberalisierung des Bildungswesens zunächst für weitgehend berechtigt und stand Reformen offen gegenüber. Ein in der Bayerischen Staatskanzlei erarbeitetes Papier vom Mai 1968 identifizierte ebenfalls die Zustände an den Universitäten – völlig überfüllte Hörsäle und *»autoritäre Strukturen«* – als primäre Ursache der studentischen Unruhen. Dezidiert konservative regierungsnahe Kreise wandten sich mit derselben Beobachtung an den Ministerpräsidenten. Der Vorsitzende der *»Altherrenvereine Münchner Korporationen«* etwa informierte seinen *»Kartellbruder«* Alfons Goppel über universitäre Missstände, die angeblich jeder Beschreibung spotteten. So seien durch Professoren Maßnahmen gegen Studenten ergriffen worden, die jeden *»rechtlich Denkenden zum Widerspruch«* herausforderten.

Die Reaktion der bayerischen Staatsregierung gegenüber den Studenten wurde jedoch in großen Teilen der Bevölkerung als zu nachgiebig betrachtet – weswegen sich Strauß abermals in die Landespolitik einmischte: In einem offenen Telegramm appellierte der CSU-Vorsitzende an das Kabinett, die Ausschreitungen endlich wirksam einzudämmen. Die CSU-Landtagsfraktion forderte in Form einer Großen Anfrage von der Staatsregierung ebenfalls Aufklärung darüber, wie diese die innere Sicherheit infolge der Studentenkrawalle beurteile. Als Reaktion auf die Unruhen beschloss der Landtag im Juli 1969 letztlich die Schließung der Münchner Kunstakademie. Ein allgemein als überfällig angesehenes neues Hochschulgesetz wurde 1973 verabschiedet.

Auch die Polizeiorganisation war unter Goppels Ägide grundlegend reformiert worden. Die Münchner Polizei war im Jahr 1975 die letzte von ursprünglich 150 Gemeindepolizeiorganisationen, die unter die Obhut des Staates gestellt wurden. Ab 1976 war jeder im Vollzugsdienst tätige bayerische Polizeibeamte im gesamten Staatsgebiet zur Wahrung von Polizeiaufgaben befugt, was die Verstaatlichung der bayerischen Polizei endgültig zum Abschluss brachte. Jeder Regierungsbezirk erhielt zudem ein eigenes Polizeipräsidium. Im Sommer 1978 folgte ein neues Polizeiaufgabengesetz, das die Kompetenzen der Polizei im Freistaat erweiterte und deren Ausrüstung verbesserte.

Das wohl umfangreichste – und gleichzeitig umstrittenste – politische Projekt der *»Ära Goppel«* war allerdings die von 1971 bis 1976 durchgeführte Gebietsreform, die unter lokalen Protesten Landkreis- und Gemeindezusammenlegungen sowie Eingemeindungen nach sich zog. Viele der bestehenden Verwaltungseinheiten waren zu klein und finanziell zu schlecht ausgestattet, um ihren Aufgaben der kommunalen Selbstverwaltung gerecht werden zu können, daher war eine Reform unumgänglich. Deren konkrete Ausgestaltung hingegen traf von Anfang bis Ende auf Proteste großer Teile der Bevölkerung und stieß auf Ablehnung quer durch alle Parteilager. Grundsätzliche Kritik an der maßgeblich durch Innenminister Merk konzipierten und von Goppel politisch durchgefochtenen Gebietsreform übte auch Parteichef Strauß, der beispielsweise monierte, dass die alte fränkische Bischofsstadt Eichstätt Oberbayern zugeschlagen wurde. Die Regierung Goppel reduzierte letztlich durch Zusammenlegungen die Zahl der bayerischen Landkreise von 143 auf 71, die der kreisfreien Städte von 48 auf 25 und die Zahl der Gemeinden von mehr als 7000 auf nunmehr nur noch etwas über 2000.

Die Reform griff laut dem Historiker Benno Hubensteiner *»in den inneren Aufbau des Landes [ein] wie keine andere Maßnahme seit 1862«*. Die *»Bayerische Staatszeitung«* urteilte anlässlich des Abschieds Goppels aus dem Ministerpräsidentenamt am 3. November 1978: *»Die Ära Goppel wird auf innenpolitischem Gebiet in die bayerische Geschichte eingehen durch die eben abgeschlossene Gebietsreform. Dass dieses Jahrhundertwerk nicht populär sein konnte, war schon vorweg leicht abzusehen. [...] Der Ministerpräsident hat das Kreuz auf sich genommen in der klaren Erkenntnis, dass der Zeitpunkt gekommen war, das herkömmliche Geflecht neu zu knüpfen und den Erfordernissen eines modernen Verwaltungsvollzugs anzupassen.«*

ABSCHIED ALS MINISTERPRÄSIDENT

Goppel zeigte keinerlei Neigung, dem seit den frühen 1970er-Jahren immer wieder als seinen Nachfolger ins Gespräch gebrachten Franz Josef Strauß kampflos das Feld zu überlassen.

Vereidigung des zum vierten Mal gewählten Regierungschefs Goppel im Bayerischen Landtag am 12. November 1974

Mit deutlichem Groll auf den Parteichef vermerkte er Ende 1973: »*Es war insgesamt auch bei uns in der CSU eine fast das ganze Jahr dauernde Spannung. Das liegt an Strauß, der einerseits unsicher im Blick auf die Möglichkeiten in Bonn und spekulierend auf München, andererseits von seinem Charakter und seinen Erfolgen als Redner vor Massen her keine klare Stellung bezog und unzufrieden ist, so ganz ohne eigentl[iche] Macht zu sein. [...] Wie lange das wohl gut geht? Die Partei hat mich ja einstimmig für den Ministerpräsidenten wieder vorgeschlagen [...]. Einiges an Misstrauen bleibt trotzdem.*«

Der 1974 nach einem grandiosen Wahlsieg erneut im Amt des bayerischen Regierungschefs bestätigte Goppel erklärte mit Blick auf die anhaltenden Nachfolgegerüchte, er sei nach der Bayerischen Verfassung für vier Jahre gewählt und »*gedenke, diese Zeit einzuhalten*«. Wie »*Der Spiegel*« im August 1976 berichtete, mehrten sich dennoch die Spekulationen, »*der Parteichef [Strauß] wolle den seit 1962 amtierenden Regierungschef nach einer verlorenen Bundestagswahl vorzeitig ablösen, [...] im gleichen Maße wie seine Eingriffe in München«.* Das Magazin konstatierte: *»Goppel, der laut CSU-Insidern ›auf stur schalten kann, wenn er Angst hat, völlig das Gesicht zu verlieren‹, zeigt vorerst noch Durchhaltewillen«.* Er selbst äußerte, er bleibe im Amt, *»falls nicht eine höhere Macht mich abberuft«.* Um Fehlinterpretationen vorzubeugen, schob er hinterher, die deutsche Sprache sei ja wohl *»in Bezug auf die höhere Macht eindeutig«.*

Im Nachgang der verlorenen Bundestagswahl von 1976 kam es tatsächlich zu einem dramatischen Machtkampf, allerdings zunächst zwischen CSU und CDU. Parteichef Strauß setzte bei einer Klausurtagung der CSU-Landesgruppe in Wildbad Kreuth am 19. November gegen heftige parteiinterne Widerstände die Aufkündigung der Fraktionsgemeinschaft mit der CDU im Bundestag durch. Da die von Helmut Kohl geführte CDU als Reaktion darauf drohte, künftig auch in Bayern anzutreten, lehnten die landespolitischen Machtzentren der CSU den *»Kreuther Trennungsbeschluss«* scharf ab. Die bayerische Staatsregierung um Ministerpräsident Goppel und Innenminister Merk erzwang mit Unterstützung der CSU-Landtagsfraktion letztlich am 12. Dezember von Strauß die Rücknahme der Sezessionsentscheidung.

Im Spätsommer 1977 beendete Goppel schließlich alle Spekulationen und schlug auf einem CSU-Parteitag Strauß als seinen Nachfolger vor – allerdings erst für die Zeit nach den Landtagswahlen des kommenden Jahres. Somit gelang es ihm mit diesem geschickten Schachzug, trotz des zunehmenden öffentlichen und parteiinternen Drucks, auch seine vierte Amtsperiode vollständig zu beenden.

Am 6. November 1978 räumte Alfons Goppel im Alter von nunmehr 73 Jahren den Stuhl des bayerischen Ministerpräsidenten und schied zugleich aus dem Landtag aus. Die *»Süddeutsche Zeitung«* stellte bei dieser Gelegenheit heraus: *»Gewiss ist Goppel ein Mensch, dem das Streben nach Harmonie näher liegt als die Pointierung des Konflikts. Diese Neigung wird auch von einer heftigen Aversion gegen die Intrige getragen, doch wenn es darauf ankam, konnte er unbeugsam, unbequem, unnachgiebig sein bis zur Querköpfigkeit […]. Frei von autoritärem Geha-*

be, fern der nationalen Attitüde hat Alfons Goppel mit Sachverstand, Augenmaß und Menschenfreundlichkeit Bayern regiert. Er hat es gut regiert.«

Mit dem vierten Kabinett Goppel ging, so der Historiker Wolfgang Zorn, *»eine Regierungsära zu Ende, deren Länge in der bayerischen Geschichte nur von einer einzigen, der ersten des modernen Staates, übertroffen wurde: Der Ära Montgelas«*. Am Ende der letzten durch Goppel geleiteten Kabinettssitzung – es war seine 622. – würdigte der Justizminister und stellvertretende Ministerpräsident Karl Hillermeier den scheidenden Landesvater *»als einen Mann von Gespür, Augenmaß, Verständnis und souveräner Amtsführung. Vielleicht werde man eines Tages die sechzehnjährige Ära Goppel als eine glückliche Zeit preisen, in der der Freistaat modern wurde, ohne seinen bayerischen Charakter zu verlieren«*.

Der neue Ministerpräsident Franz Josef Strauß betonte am 14. November 1978 in seiner ersten Regierungserklärung vor dem Landtag, er stelle sich in die Tradition seines Vorgängers und beabsichtige, *»die erfolgreiche Politik der Staatsregierung fortzusetzen und weiterzuentwickeln – so wie ich sie von Alfons Goppel übernommen habe. 16 Jahre, so lange wie kein anderer Bayerischer Ministerpräsident, stand er an der Spitze der Staatsregierung. In vier Legislaturperioden hat er mit seiner Persönlichkeit die bayerische Politik wesentlich geprägt: Maßvoll und menschlich, verbindlich und vernünftig, weltoffen und dabei in Geschichte und Brauch dieses Landes verwurzelt – so verkörperte Alfons Goppel in seiner Persönlichkeit und seiner Leistung beste bayerische Tradition.«*

8 Neue Herausforderungen

»Indem wir weiterhin in Deutschland unbeirrt für die Sicherung und Stärkung der föderativen Ordnung uns einsetzen, sichern wir für das kommende Europa nicht nur mehr Freiheit und Menschlichkeit für unser Land, wir tragen dazu bei, dass unser altes Europa, vielgestaltig und farbig, frei und menschlich bleibt.«

ALFONS GOPPEL, 1978

ABGEORDNETER DES EUROPÄISCHEN PARLAMENTS

Alfons Goppels politischer Werdegang war mit dem Ausscheiden aus dem Amt des bayerischen Ministerpräsidenten im November 1978 noch nicht beendet: Er kandidierte trotz seines fortgeschrittenen Alters erfolgreich als Spitzenkandidat für das erstmals direkt zu wählende Europäische Parlament in Straßburg. Diesem gehörte er als Abgeordneter für die gesamte Legislaturperiode und Obmann der deutschen Christdemokraten vom 17. Juli 1979 bis zum 23. Juli 1984 an. Die Fraktion der Europäischen Volkspartei (Christlich-Demokratische Fraktion) wählte ihn für die Dauer der Legislaturperiode in ihren Vorstand. Goppel wirkte in dieser Zeit zudem als Mitglied des Rechtsausschusses des Parlaments und diente ab dem Frühjahr 1983 zusätzlich als Vorsitzender der Delegation für die Beziehungen zu Österreich. Noch vor der Europawahl war er zudem zum neuen Präsidenten der Paneuropa-Union in Deutschland gewählt worden.

Weitere in Deutschland direkt gewählte Europaabgeordnete waren ab 1979 Otto von Habsburg für die CSU – ohne selbst ein Parteibuch zu besitzen – sowie der frühere Bundeskanzler Willy Brandt und der ehemalige nordrhein-westfälische Ministerpräsident Heinz Kühn, die beide für die SPD angetreten waren. Den Parteien ging es mit der Nominierung dieser prominenten Kandidaten jedoch keineswegs darum, verdiente Politiker mit einem Mandat im Europaparlament zu belohnen. Vielmehr sollte durch diese hochrenommierten Staatsmänner

»Für Bayern nach Europa«: Goppel als CSU-Spitzenkandidat bei der Wahl zum Europaparlament, 1979

auf die Bedeutung der erstmaligen Direktwahl aufmerksam gemacht werden – mit dem Ziel, eine möglichst hohe Wahlbeteiligung zu erreichen. In Deutschland gaben letztlich fast 66 % der Wahlberechtigten ihre Stimme ab, was bei späteren Europawahlen nie mehr erreicht werden sollte.

Im Vorfeld der Europawahl des Jahres 1979 hatte eine Gruppe aus der Paneuropa-Jugend zusammen mit Otto von Habsburg und weiteren Europawahlkandidaten – darunter auch Goppel – ein kurzes Forderungsprogramm verfasst. Im Parlament begann der Kreis dieser Abgeordneten dann, die zuvor erarbeiteten Ideen schrittweise umzusetzen. So setzte die Gruppe im Jahr 1982 eine umstrittene Resolution zur Errichtung eines leeren Stuhls im Parlament durch – als Demonstration für das Selbstbestimmungsrecht der Völker hinter dem Eisernen Vorhang.

Auf der Bühne des Europäischen Parlaments bemühte sich Goppel außerdem, den Regionen in Europa – entsprechend dem Konzept des deutschen Föderalismus – mehr Gewicht zu verleihen. Noch als bayerischer Ministerpräsident hatte er 1972 mit der Gründung der ARGE-ALP bereits erste grenzübergreifende Schritte in diese Richtung unternommen. In einer Veröffentlichung mit dem Titel »*Föderalismus – Bauprinzip einer freiheitlichen Grundordnung in Europa*« vertrat er im Jahr 1978 die Ansicht, »*dass der Föderalismus in Europa seine große Zukunft haben wird. [...] Indem wir weiterhin in Deutschland unbeirrt für die Sicherung und Stärkung der föderativen Ordnung uns einsetzen, sichern wir für das kommende Europa nicht nur mehr Freiheit und Menschlichkeit für unser Land, wir tragen dazu bei, dass unser altes Europa, vielgestaltig und farbig, frei und menschlich bleibt. Dieses Europa soll nicht den Technokraten und den Kollektivisten ausgeliefert werden.*«

Über seine Zeit als Abgeordneter des Europäischen Parlaments räsonierte Goppel in seinem Beitrag »*Ein Reinhausener in Straßburg*« für den »*Regensburger Almanach*« im Jahr 1984 rückblickend: »*Ist es aber nicht auch ein Abenteuer, aus gewohnten bayerischen Gefilden ins Elsass, aus dem verfassungsgeregelten Staatsraum in die vertraglichen Übungsbereiche der Europawerdung überzuwechseln?*« Mit dem Ende seiner Legislaturperiode als Abgeordneter des Europäischen Parlaments schloss Alfons Goppel im Alter von 78 Jahren seine politische Karriere ab.

LETZTE JAHRE

Ungeachtet seines Abschieds aus allen öffentlichen Ämtern hatte Alfons Goppel in seinen letzten Jahren noch zahlreiche ehrenamtliche Verpflichtungen inne. Seit 1981 unterstützte er die Universität Regensburg als Vorsitzender deren Kuratoriums. Zwischen 1985 und 1991 diente er als Stiftungsrat der Peter-Kaiser-Stiftung, die sich der Förderung staatsbürgerlicher Bildung, internationaler Zusammenarbeit und karitativer Aktivität verschrieben hatte. Die Aufsichtsratstätigkeiten für die Bayerische Vereinsbank und die Bayernwerk AG gab er

Bayerns »First Lady« Gertrud Goppel im Kreise der Familie, 1977

bereits 1983 auf. Im Juli 1987 schied er schließlich im Alter von 81 Jahren auch aus dem Aufsichtsrat der Rhein-Main-Donau-Gesellschaft aus, dem er seit 1959 angehört hatte.

Zu Ehren des ehemaligen Ministerpräsidenten wurde am 8. Januar 1980 in München die Alfons-Goppel-Stiftung ins Leben gerufen und mit einem Festakt in der Bayerischen Akademie der Wissenschaften vorgestellt. Die Stiftung fördert Entwicklungshilfe-Projekte und verleiht seit 1985 den Alfons-Goppel-Preis für Verdienste im Kampf gegen Hunger und Armut in der Welt. Bis heute wird sie von der Familie des ehemaligen Ministerpräsidenten weitergeführt.

Über die Jahrzehnte erhielt Goppel mehr als 230 in- und ausländische Auszeichnungen und Ehrungen, unter denen der Große Verdienstorden der Bundesrepublik Deutschland, das Großkreuz des Ordens der französischen Ehrenlegion, der amerikanische Verdienstorden *»Outstanding Civilian Service Award«* sowie das Goldene Kreuz von Jerusalem besonders hervorzuheben sind. Er wurde unter anderem zum Ehrenbürger der Landeshauptstadt München sowie der Stadt Regensburg ernannt. Dazu kamen zahlreiche Auszeichnungen ziviler Organisationen wie Ehrenzeichen des Roten Kreuzes oder des Deutschen Handwerks. Mehrere Trachten- und Schützenvereine nahmen den *»Landesvater«* zudem als Ehrenmitglied auf.

Ab Mitte der 1980er-Jahre häufen sich in Goppels privaten Aufzeichnungen Hinweise auf gesundheitliche Probleme bei seiner Frau und auch bei sich selbst. Gertrud, die über 54 Jahre mit ihm verheiratet war und ihn als *First Lady* stets engagiert unterstützt hatte, starb schließlich am 27. August 1989. Zwei Jahre später, am 24. Dezember 1991, verstarb auch Alfons Goppel im Alter von 86 Jahren an akutem Herz-Kreislauf-Versagen. Unmittelbar zuvor hatte er für den Heiligen Abend im Familienkreis noch mit den Enkelkindern seines ältesten Sohnes Michael in Johannesberg bei Aschaffenburg den Christbaum geschmückt. Er wurde unter großer öffentlicher Anteilnahme neben seiner Frau auf dem Münchner Waldfriedhof beigesetzt.

BILANZ EINER ÄRA

Alfons Goppel verkörperte durch seine lange Amtsdauer, aber vor allem auch durch seine den Menschen zugewandte Persönlichkeit einen geradezu barocken *»Landesvater«*. Heimatbewusst, weltoffen und fest im christlichen Glauben verwurzelt, übte er auf sein Amt eine stilbildende Wirkung aus. Das Bild des repräsentationsfreudigen Ministerpräsidenten prägte sich für ihn nachhaltig ein, allerdings erfüllte die großzügige Repräsentation für ihn einen wichtigen politischen Zweck. Bereits Zeitgenossen sprachen von der *»Ära Goppel«*.

In seinem Wirken als Landtagsabgeordneter, Staatssekretär, Innenminister und bayerischer Ministerpräsident werden ebenso traditionelle wie moderne Elemente deutlich. In seiner Partei und in der Bevölkerung wirkte er gerade deshalb integrierend, weil er beide dieser politischen Strömungen zugleich bediente, indem er etwa in kulturpolitischen Fragen konservativ agierte, in anderen Bereichen, wie der Gebietsreform, jedoch zu weitreichenden Veränderungen bereit war. Spätestens

Grabstätte von Alfons und Gertrud Goppel auf dem Münchner Waldfriedhof

ab seiner zweiten Amtszeit brachte der erfahrene und in seinem Amt gefestigte Ministerpräsident mit einer zunehmend verjüngten Regierungsmannschaft zahlreiche Neuerungen auf den Weg – dem Trend der Zeit entsprechend, in der traditionelle Muster sich zunehmend auflösten. Glaubhaft verkörperte er die Formel vom Fortschritt, der aus bayerischer Tradition heraus erwuchs.

Durch den Nimbus des »*Landesvaters*« konnte Alfons Goppel die rasanten gesellschaftspolitischen Veränderungsprozesse seiner 16-jährigen Regierungszeit auffangen und missliebige, jedoch als notwendig erachtete Reformprojekte durchsetzen. Seine historische Leistung besteht nicht zuletzt darin, dass sich der rasante Wandel des Freistaats Bayern vom Agrar- zum Industrie- und Hochtechnologiestandort in den Jahren seiner Regierung ohne dramatische gesellschaftliche Brüche vollzog.

Zeittafel

1905	Alfons Goppel wird am 1. Oktober in Reinhausen als 4. Kind des Bäckermeisters Ludwig Goppel und dessen Frau Barbara geboren
1925–29	Studium der Rechts- und Staatswissenschaften an der LMU München und Besuch von Vorlesungen an der Hochschule Regensburg
1929–32	Referendariat am Amts- und Landgericht sowie am Bezirksamt in Regensburg
1930–33	Eintritt in die BVP, als Nachrücker 1933 Stadtrat der BVP in Regensburg bis zu deren Zwangsauflösung
1932–34	Niederlassung als selbständiger Rechtsanwalt in Regensburg
1933–45	Formale Mitgliedschaft in der SA (ab 1933) und in der NSDAP (ab 1937)
1934–38	Wechsel in den bayerischen Staatsdienst. Goppel erhält eine Stelle als Assessor am Amtsgericht Mainburg, danach als Staatsanwalt in Kaiserslautern
1935	Heirat mit Gertrud Wittenbrink am 3. Juni 1935 in Bentheim. Aus der Ehe gehen die sechs Söhne Michael, Ludger, Bernhard, Wolfgang, Thomas und Christoph hervor.
1938–39	Versetzung ans Amtsgericht nach Aschaffenburg
1939–45	Kriegsdienst in Frankreich und Russland sowie als Waffen- und Taktiklehrer beim Ersatzheer an der Infanterieschule Döberitz bei Berlin
1946–58	Stadtrechtsrat sowie Referent für Flüchtlings- und Wohnungsfragen in Aschaffenburg
1947	Eintritt in die CSU
1947	Wahl Goppels zum Aschaffenburger Landrat, jedoch Verweigerung der Bestätigung durch das Innenministerium
1950	Gescheiterte Kandidatur als Aschaffenburger Direktkandidat der CSU für den Bayerischen Landtag
1952	Niederlage bei der Oberbürgermeisterkandidatur der CSU in Aschaffenburg; Goppel wird Stadtrat und 2. Bürgermeister
1954–78	Mitglied des Bayerischen Landtags
1956	Erfolglose Kandidatur für das Amt des Würzburger Oberbürgermeisters
1957	Ernennung zum Staatssekretär im Justizministerium im Kabinett Seidel I

1958–62	Bayerischer Innenminister in den Kabinetten Seidel II und Ehard IV
1962	»Spiegel-Affäre« um Franz Josef Strauß
1962	Wahlsieg der CSU bei der Landtagswahl mit 47,5 % der Stimmen; Spitzenkandidat Goppel wird zum Regierungschef gewählt
1962–78	Bayerischer Ministerpräsident
1963	Inbetriebnahme der Raffinerie in Ingolstadt
1966	Fertigstellung der Atomreaktoren Gundremmingen, Niederaichbach und Ohu
1966	CSU steigert sich bei der Landtagswahl auf 48,1 % der Stimmen; Goppel wird im Amt bestätigt
1970	Landtagswahl beschert der CSU 56,4 %; Goppel wird erneut zum Regierungschef gewählt
1970	Schaffung des ersten Ministeriums für Landesentwicklung und Umweltfragen in Bayern
1971–76	Durchführung der Kommunalen Gebietsreform in Bayern
1972	Gründung der »Arbeitsgemeinschaft der Alpenländer« (»ARGE-ALP«)
1972	Olympische Spiele in München
1972–73	Präsident des Deutschen Bundesrates
1973	Verabschiedung des bayerischen Denkmalschutzgesetzes und Gründung des Landesdenkmalrats
1973	Normenkontrollklage Bayerns vor dem Bundesverfassungsgericht zur Überprüfung des Grundlagenvertrags der Bundesregierung mit der DDR
1974	Mit einem triumphalen Ergebnis von 62,1 % gewinnt die CSU die Wahl zum Bayerischen Landtag; Goppel wird mit 132 Stimmen zum vierten Mal im Amt bestätigt
1976	Inkrafttreten des bayerischen Landesentwicklungsprogrammes
1976	Kreuther Trennungsbeschluss der CSU
1979–84	Mitglied des ersten direkt gewählten Europaparlaments und Obmann der deutschen Christdemokraten
1989	Tod Gertrud Goppels am 27. August
1991	Alfons Goppel stirbt 86-jährig am 24. Dezember in Johannesberg bei Aschaffenburg

Literatur

Bitterhof, Andreas; Höpfinger, Renate: Ministerpräsident Alfons Goppel (11. Dezember 1962 bis 7. November 1978). In: *Generaldirektion der staatlichen Archive Bayerns (Hg.)*: Das schönste Amt der Welt. Die bayerischen Ministerpräsidenten von 1945 bis 1993. München 1999, S. 116–146.

Friemberger, Claudia: Alfons Goppel. Vom Kommunalpolitiker zum Bayerischen Ministerpräsidenten. München 2001.

Dies.; Kramer, Ferdinand (Hg.): Rückblicke 1957–1984 des Bayerischen Ministerpräsidenten Alfons Goppel. München 2005.

Gall, Alexander: »Gute Straßen bis ins kleinste Dorf!« Verkehrspolitik und Landesplanung 1945 bis 1976 In: *Schlemmer, Thomas; Woller, Hans (Hg.):* Bayern im Bund. 1. Band: Die Erschließung des Landes 1949 bis 1973. (Quellen und Darstellungen zur Zeitgeschichte 52). München 2001, S. 119–204.

Gelberg, Karl-Ulrich: Alfons Goppel (1905–1991). In: *Aretz, Jürgen (Hg.)*: Zeitgeschichte in Lebensbildern. Münster 2001, S. 260–279.

Ders.: Dynamischer Wandel und Kontinuität. Die Ära Goppel (1962–1978). In: Handbuch der bayerischen Geschichte. Begründet von Max Spindler, neu hrsg. von *Alois Schmid*. Bd. IV: Das neue Bayern. Von 1800 bis zur Gegenwart. Bd. 1: Staat und Politik. München [2]2003, S. 857–957.

Ders.: Staatsbewusstsein und Föderalismus in Bayern nach 1945. In: *Hanns-Seidel-Stiftung (Hg.)*: Politische Studien 392. 54. Jahrgang. München 2003, S. 64–78.

Goppel, Alfons: Föderalismus – Bauprinzip Europas. In: *Assmann, Karl; Goppel, Thomas (Hg.)*: Föderalismus. Bauprinzip einer freiheitlichen Grundordnung in Europa. München 1978, S. 9–20.

Ders.: Reden. Ausgewählte Manuskripte aus den Jahren 1958–1965. Mit einem Vorwort von Dr. Dr. Alois Hundhammer. Würzburg 1965.

Goppel, Christoph: »Tue recht und scheue niemand!« Die Chronik der Familie Goppel in Reinhausen zwischen 1900-1955. Regensburg, 2016.

Hanns-Seidel-Stiftung (Hg.): Bayern im Wandel. Alfons Goppel, 15 Jahre Ministerpräsident. (Politische Studien 4/1977). München 1977.

Hofmann, Stephan: Industriepolitik und Landesplanung in Bayern 1958–1970. Neubiberg 2004.

Huber, Ludwig (Hg.): Bayern, Deutschland, Europa. Festschrift für Alfons Goppel. Passau 1975.

Kießling, Andreas: Die CSU. Machterhalt und Machterneuerung. Wiesbaden 2004.

Kock, Peter Jakob: Bayern nach dem Zweiten Weltkrieg. In: *Bayerische Landeszentrale für politische Bildungsarbeit (Hg.)*: Geschichte des modernen Bayern. München [2]2000, S. 375–499.

Ders.: Der Bayerische Landtag. Eine Chronik. München [5]2006.

Kopp, Margret (Hg.): Festschrift zum 90. Geburtstag von Dr. h.c. Alfons Goppel. München 1995.

Mergel, Thomas: Staatlichkeit und Landesbewusstsein. Politische Symbole und Staatsrepräsentation in Bayern und Nordrhein-Westfalen 1945 bis

1975. In: *Schlemmer, Thomas; Woller, Hans (Hg.):* Bayern im Bund. 3. Band: Politik und Kultur im föderativen Staat (Quellen und Darstellungen zur Zeitgeschichte 54). München 2004, 281–347.

Mintzel, Alf: Die CSU. Anatomie einer konservativen Partei 1945–1972. Opladen, 1975.

Möller, Horst: Franz Josef Strauß. Herrscher und Rebell. München 2015.

Müller, Winfried; Schröder, Ingo; Mößland, Markus: »Vor uns liegt ein Bildungszeitalter.« Umbau und Expansion – das bayerische Bildungssystem 1950 bis 1975. In: *Schlemmer, Thomas; Woller, Hans (Hg.):* Bayern im Bund. 1. Band: Die Erschließung des Landes 1949 bis 1973 (Quellen und Darstellungen zur Zeitgeschichte 52). München 2001, S. 273–355.

Oberloskamp, Eva: Das Olympia-Attentat 1972. Politische Lernprozesse im Umgang mit dem transnationalen Terrorismus. In: Vierteljahrshefte für Zeitgeschichte, 60. Jahrgang, Heft 3. München 2012, S. 321–352.

Schneider, Herbert; Wehling, Hans-Georg (Hg.): Landespolitik in Deutschland. Grundlagen, Strukturen, Arbeitsfelder. Wiesbaden 2006.

Siebers-Gfaller, Stefanie: Von Utopia nach Europa. Alfons Goppel, 1.10.1995 bis 24.12.1991. Biographische Notizen. München 1996.

Wolfrum, Edgar: Geschichtspolitik in Bayern. Traditionsvermittlung, Vergangenheitsbearbeitung und populäres Geschichtsbewusstsein nach 1945. In: *Schlemmer, Thomas; Woller, Hans (Hg.):* Bayern im Bund. 3. Band: Politik und Kultur im föderativen Staat (Quellen und Darstellungen zur Zeitgeschichte 54). München 2004, S. 349–409.

Zehetmaier, Hans (Hg.): Bilanz eines erfüllten Lebens. Alfons Goppel zum 100. Geburtstag. München 2005.

Zorn, Wolfgang: Bayern unter der Regierung Goppel 1962–1978. Erste Skizze zu einem Kapitel neuester bayerischer Zeitgeschichte. In: *Kraus, Andreas (Hg.):* Land und Reich. Stamm und Nation. Probleme und Perspektivem bayerischer Geschichte. Bd. 3. Vom Vormärz bis zur Gegenwart. München 1984, S. 531–546.

Bildnachweis

ap/dpa/picture alliance/Süddeutsche Zeitung Photo: 127
Archiv Münchner Merkur: 105
Bildarchiv Bayerischer Landtag: 130

Bundesarchiv: 101 (Foto: Renate Patzek), 118 (Bundesregierung, Foto: Ulrich Wienke), 121 (Bundesregierung, Foto: Engelbert Reineke), 134

dpa/Süddeutsche Zeitung Photo: 94, 96

Hanns-Seidel-Stiftung: 71 l. u. r., 80

https://commons.wikimedia.org: 138 (CC BY-SA 3.0/Gras-Ober)
picture-alliance/dpa: 108
Privatbesitz der Familie Goppel: 15, 20, 22, 40, 42, 136
ullstein bild – AP: 110

Umschlagmotive: vorne: Porträt Alfons Goppels (Privatbesitz der Familie Goppel), hinten: Familienfoto um 1945 (Privatbesitz der Familie Goppel)

Wir haben uns bemüht, alle Copyright-Inhaber ausfindig zu machen. Sollte dies in Einzelfällen nicht gelungen sein, bitten wir, dies zu entschuldigen und um Nachricht an den Verlag.

Bibliografische Information der Deutschen Nationalbibliothek
Die Deutsche Nationalbibliothek verzeichnet diese Publikation in der Deutschen Nationalbibliografie; detaillierte bibliografische Daten sind im Internet über http://dnb.dnb.de abrufbar.

ISBN 978-3-7917-2788-2
© 2016 by Verlag Friedrich Pustet, Regensburg
Reihen-/ Umschlaggestaltung und Layout: Martin Veicht, Regensburg
Satz: Martin Vollnhals, Neustadt a. d. Donau
Druck und Bindung: Friedrich Pustet, Regensburg
Printed in Germany 2016

Diese Publikation ist auch als eBook erhältlich:
eISBN 978-3-7917-6089-6 (epub)

Weitere Publikationen aus unserem Programm
finden Sie auf www.verlag-pustet.de
Informationen und Bestellungen unter verlag@pustet.de